Die Autorin Iris Lange

Sehr froh kann ich sagen: „Ich habe mein Hobby zum Beruf gemacht." Bereits als Kind verbrachte ich mehr Zeit in der Küche als auf dem Spielplatz. Und so wurde mir irgendwann klar, dass ich Köchin werden wollte. Während meiner Lehrzeit hatte ich nicht nur Spaß daran, mit Lebensmitteln zu arbeiten. Ich wollte auch wissen, welche Inhaltsstoffe sich in Obst, Getreide oder Gemüse verstecken und was sie im Körper bewirken. Deshalb entschied ich mich, Ernährungswissenschaften zu studieren.
Weil das Kochen und das Experimentieren mit Lebensmitteln meine große Leidenschaft sind, habe ich neben der Theorie im Studium die Praxis nie aus den Augen verloren. Für mich als Ernährungsexpertin lassen sich meine Praxiserfahrungen, die erlernten Küchentechniken und mein theoretisches Fachwissen perfekt miteinander kombinieren und vielseitig anwenden.
Das zeigt sich nicht nur in der Ernährungsberatung, sondern auch in meinen Rezeptkreationen oder bei Foto-Shootings, wenn ich Speisen schmackhaft vor der Linse präsentiere.

Danksagungen

Meinen Testessern Sven Fricke, Jeremy Hamel und Carina Hamel danke ich von ganzem Herzen.
Ein besonderer Dank geht an meine Mutter Christina Lange und an meine Freundin Sabine Scholz, die mich beide bei der Erstellung des Manuskripts konstruktiv unterstützt und beraten haben.
Darüber hinaus auch ein Dank an die Fotografin Misha Vetter für die gute Zusammenarbeit im Fotostudio und die tollen Fotos sowie Michaela Odenthal, die bei der Erstellung der Fotos tatkräftig mitgearbeitet hat.

Iris Lange

Tofu küsst Steak

97 Duo-Rezepte für Vegetarier & Fleischfans

TRIAS

INHALT

Liebe Leserinnen und Leser,

Seit einiger Zeit sind mein Mann und ich fast fleischlos glücklich. Auf unseren Tisch kommen reichlich vegetarische Speisen und etwas Fisch. Der Sohn meines Mannes entdeckte nach jahrelanger fleischarmer Kost den Geschmack für Fleisch und erklärte Steaks für seine Lieblingsspeise. Frei nach dem Motto: Fleisch ist mein Gemüse. Seitdem mache ich mir Gedanken, wie ich den sportlichen jungen Mann mit Fleisch beglücke und uns zeitgleich eine vegetarische Alternative zaubere. Um für jeden etwas Leckeres und Nahrhaftes anzubieten, erweiterte ich meinen Rezeptpool und forschte nach Ideen, die ich einfach, ohne Stress und mit wenig Kochgeschirr umsetzen kann.

Zeitgleich begannen auch immer mehr Freunde und Bekannte, sich vegetarisch zu ernähren, und fragten mich, was sie als Alternative für den Rest der Familie kochen könnten. Bei Einladungen mit Freunden freute ich mich, wenn sich Vegetarier und überzeugte Fleischliebhaber am Tisch zusammenfanden und stellte mich der Herausforderung, beiden zugleich gerecht werden zu wollen. Auch in meiner Ernährungsberatung werde ich immer wieder gefragt, wie sich eine vegetarische mit einer normalen Mischkost vereinen lässt, da viele Menschen für sich selbst aus gesundheitlichen Gründen eine vegetarische Ernährung bevorzugen, aber weiterhin Kind und Kegel mit Fleischgerichten bekochen wollen.

Dann kam die Anfrage vom TRIAS Verlag für ein Kochbuch mit Rezepten, die allen schmecken. Ich war sofort begeistert! So konnte ich meinen Rezeptpool um knapp 100 Rezepte erweitern und meine Familie als Testesser engagieren. Nach dem Essen erhielt ich immer ein kleines Feedback. Wichtig war natürlich gerade das Urteil der Jugend, die ich aber meist zufriedenstellen konnte. Fleisch sei Dank. Neben zahlreichen Rezepten finden Sie in diesem Buch Wissenswertes zur vegetarischen Ernährung, ihre Umsetzung in den Alltag sowie praktische Tipps fürs Kochen und Genießen.

Viel Spaß beim Lesen und Nachkochen.

Iris Lange
Hamburg im Januar 2013

MADE IN KONGMOON CHINA
°C
90°
85°
80°
75°
65°
60°
FACKELMANN

Tofu küsst Steak

Fleischfans und Vegetarier mit Genuss an einem Tisch? Kein Problem – mit ein paar knackigen Infos und vielen praktischen Hinweisen sind Sie bestens gerüstet.

So bringen Sie alle unter einen Hut

Wenn viele Personen an einem Tisch sitzen, kommen unterschiedliche Geschmacksvorlieben und Ernährungsgewohnheiten zusammen. Insbesondere wenn Fleischesser und Vegetarier am Essen teilnehmen, ist es eine große Herausforderung, für jeden Geschmack etwas zu kochen.

Vielleicht denken Sie bei dem Titel „Tofu küsst Steak – Duo-Rezepte für Vegetarier und Fleischfans“: Wie können denn Fleischfans und Vegetarier bei einem gemeinsamen Essen glücklich werden? Bleibt nicht einer immer auf der Strecke? Nein, das muss nicht sein. Glauben Sie mir, es funktioniert, ganz ohne großen Aufwand und mit nur einem Grundrezept.

Immer ein Extraessen kochen oder einfach etwas weglassen – beides ist für die Köchin, den Koch und auch für die Esser unbefriedigend, wenn nicht sogar ein bisschen nervig. Da werden entweder Unmengen Kochgeschirr benötigt, es wird zu viel Zeit in der Küche verbracht oder sogar – wenn einige Lebensmittel einfach nur ersatzlos gestrichen werden – der Nährstoffgehalt der Speisen herabgesetzt. Aber das muss nicht sein. Um alle Geschmäcker und Bäuche zufriedenzustellen, habe ich ganz besondere Rezepte entwickelt.

Essgewohnheiten im Wandel der Zeit

Unmengen an Fleisch zu verspeisen – früher ein Zeichen von Wohlstand – ist heute bei vielen Menschen nicht mehr angesagt. Im Gegenteil, pflanzliche Kost zu bevorzugen, wird weitgehend akzeptiert. Die Gründe, sich für eine fleischlose Kost zu entscheiden, sind vielfältig. Sie reichen von ethischen Beweggründen im Zusammenhang mit der Tierhaltung oder -tötung bis hin zu Bedenken wegen der Umweltbelastung aufgrund der Massentierhaltung. Auch Sorgen um die eigene Gesundheit, beispielweise aufgrund von Berichten über Hormone oder Antibiotika im Fleisch, können eine Rolle spielen. Die Zeiten, in denen Vegetarier die Exoten waren, sind endgültig vorbei. Die bewusste fleischlose Ernährung findet immer mehr Anhänger. Vegetarisch zu essen liegt voll im Trend und wird immer mehr akzeptiert.

Dies stelle ich auch bei meiner Arbeit fest. Meine veganen Kochkurse erfreuen sich immer größerer Beliebtheit, bei meiner Ernährungsberatung und auch bei meinen Freunden stehen Fragen um schmackhafte und zugleich nährstoffreiche Kost im Blickpunkt des Interesses.

Wer isst was?

Vegetarisch essen heißt nicht unbedingt, nur auf Fleisch zu verzichten. Es gibt auch Menschen, die zusätzlich noch auf Eier verzichten oder solche, die keine Milchprodukte verzehren. Hier eine Übersicht:

- Veganer: meiden jegliche tierische Produkte wie Fleisch, Fisch und Meerestiere, Milch und Milchprodukte, Eier und Honig
- Ovo-Lacto-Vegetarier: essen kein Fleisch und keinen Fisch sowie deren Produkte, wohl aber Eier und Milchprodukte
- Lacto-Vegetarier: essen kein Fleisch, keinen Fisch und keine Eier sowie deren Produkte, wohl aber Milchprodukte

Bewusst essen im Alltag

Eine bewusste vegetarische Ernährung hält gesund und kann vor ernährungsbedingten Erkrankungen wie erhöhten Blutfettwerten, Bluthochdruck, Diabetes Typ II oder Gicht, schützen. In Anlehnung an die Empfehlungen der Deutschen Gesellschaft für Ernährung (DGE) und des Vegetarierbundes Deutschland helfen folgende Tipps, genussvoll und gesundheitsfördernd zu essen:

1. Vielseitig essen
Gestalten Sie Ihre Lebensmittelauswahl abwechslungsreich.

2. Gemüse und Obst
Essen Sie fünf Portionen täglich, 3-mal Gemüse und 2-mal Obst. Ein Teil davon sollte Rohkost sein. Eine bunte Zusammenstellung bringt eine Vielfalt an Nährstoffen.

3. Getreideprodukte und Kartoffeln
Essen Sie 3–4 Portionen pro Tag, am besten aus Vollkorn.

4. Eiweißprodukte
Essen Sie täglich Produkte wie Sojadrinks, Tofu und 1–2 Portionen Hülsenfrüchte pro Woche. Nichtveganer können täglich 3 Portionen Milch- und Milchprodukte und 2–3-mal wöchentlich Eier essen.

5. Wenig fettreiche Lebensmittel
Bevorzugen Sie pflanzliche Öle wie Rapsöl und verwenden Sie Nüsse und Samen. 60–80 g Fett pro Tag reichen aus.

6. Zucker und (Jod-)Salz in Maßen
Würzen Sie mit Kräutern und Gewürzen. Verzehren Sie Zucker und Süßigkeiten sparsam.

7. Reichlich Flüssigkeit
Trinken Sie bevorzugt 1–2 Liter Wasser oder Tee pro Tag. Bringen Sie Abwechslung in den Tag, indem Sie verschiedene Kräuter- und Früchtetees genießen.

8. Schonende Zubereitung
Bevorzugen Sie kurze Garzeiten. Dünsten, Dämpfen, Grillen oder Kurzbraten sind schonende Garmethoden, damit Vitamine und Mineralstoffe weitgehend erhalten bleiben.

9. Sich Zeit nehmen
Genießen Sie bewusst. Nehmen Sie die Mahlzeiten am Tisch ein. Lenken Sie sich nicht durch Zeitunglesen oder fernsehen vom Genuss Ihrer Mahlzeit ab.

10. In Bewegung bleiben
Seien Sie möglichst 30 Min. pro Tag körperlich aktiv und genießen Sie dabei, wenn möglich, das Sonnenlicht (mindestens 15 Min.).

Tipp

Regelmäßig essen

Wer regelmäßig isst und trinkt, versorgt sich so über den Tag verteilt mit reichlich Nährstoffen. Lassen Sie keine Mahlzeit ausfallen, denn das führt schnell zu einer Unterzuckerung und zu Heißhunger. Wenn der erst mal da ist, greift man schnell zu Lebensmitteln, die rasch mit Energie, aber nicht mit den notwendigen Nährstoffen versorgen. Häufig landen dann Süßigkeiten, Chips oder süße Backwaren im Mund. Essen Sie alle drei Stunden etwas Nahrhaftes und trinken Sie reichlich Wasser dazu.

Auszüge aus dem Flyer „Optimal versorgt mit vegetarischer Ernährung“ des Vegetarierbundes Deutschland

- Ovo-Vegetarier: essen kein Fleisch, keinen Fisch und keine Milch sowie deren Produkte, wohl aber Eier
- Flexitarier: verzichten nur zeitweise auf Fleisch, Fisch und Meerestiere

Darüber hinaus gibt es Menschen, die Rohkost (Rohköstler) oder in strenger Form nur Obst (Fructaner) essen.

Im vorliegenden Buch finden Sie eine Vielzahl von Rezepten, mit denen Sie Ihre Esser glücklich machen können, ganz gleich, ob sie Vegetarier oder Fleischliebhaber sind. Diese Rezepte sind immer nach demselben Prinzip aufgebaut: Ein vegetarisches Grundrezept wird raffiniert mit einer vegetarischen und einer fleischhaltigen Variante ergänzt. Die Zahl der Zutaten sowie der zeitliche Aufwand bleiben dabei überschaubar.

Ein bisschen Theorie darf aber auch nicht fehlen, denn mit mehr Wissen und praktischen Infos kann noch bewusster und individueller für die Lieben gekocht werden.

WISSEN

Wieviel Fleisch darf sein?

Es muss nicht jeden Tag Fleisch auf den Tisch kommen. Die Deutsche Gesellschaft für Ernährung empfiehlt 2–3-mal in der Woche Fleisch inkl. Wurst und 1–2-mal Fisch zu essen. Der Rest sollte überwiegend mit pflanzlicher Kost abgedeckt werden. Das schont das Klima und die Gesundheit.

Ausgewogen vegetarisch essen

In vielen Familien leben Vegetarier zusammen mit Nichtvegetariern. So sind häufig ein oder zwei Personen am Tisch, die kein Fleisch oder keinen Fisch essen und trotzdem eine schmackhafte und vitalstoffreiche Kost haben wollen. Da stehen Köchin und Koch vor der Herausforderung, allen gerecht werden zu sollen. Meist kommen dann die Gedanken: Was soll ich nur kochen, was bekommt der Vegetarier, wenn ich Schnitzel mache, und bekommen auch alle am Tisch genug Nährstoffe? Schmecken meine Speisen auch allen am Tisch und machen mir nicht zuviel Arbeit?

Beachten Sie Folgendes: Um ausreichend mit Nährstoffen versorgt zu sein und Mangelerscheinungen vorzubeugen, ist es wichtig, sowohl über den einzelnen Tag als auch über die Woche betrachtet ausgewogen zu essen und zu trinken.

Im Folgenden finden Sie Beispieltage, die Ihnen zeigen, wie die Tipps ganz einfach in die Praxis umgesetzt werden können.

Morgens:

Beginnen Sie damit schon beim Frühstück: Ein Müsli aus Getreideflocken, Nüssen, Trockenobst, Milch, Joghurt oder Mandeldrink mit frischem Obst ist ideal. Auch Vollkornbrot mit einem pikanten oder süßen Aufstrich und einigen Rohkoststreifen gibt die nötige Energie für einen guten Start in den Tag. Ein frisch gepresster Saft und Tee ergänzen das Frühstück.

Mittags:

Wer viel unterwegs ist oder keine Möglichkeit hat, mittags essen zu gehen, sollte sich sein Essen vorbereiten und mitnehmen. Dazu sind Salate, Wraps oder Sandwiches gut geeignet. Oder kochen Sie am Vortag etwas mehr und nehmen Sie den „Rest“ mit. Speisen wie Suppen, Pasta oder Reisgerichte können gut mitgenommen werden und sind schnell in der Mittagspause aufgewärmt. So können Sie Ihre Auszeit genießen und Energie für den Nachmittag tanken.

Abends:
Wird dann abends noch ein ausgewogenes Abendbrot zubereitet, rundet das den Tag perfekt ab.

Snacks:
Wer zwischendurch Hunger verspürt, kann auf Nüsse, Trockenobst, Milchprodukte, Obst oder Gemüse zurückgreifen. Auch Smoothies, Müsliriegel oder Früchtekonfekt geben als Snack reichlich Energie.

Getränke:
Trinken Sie über den Tag verteilt 1,5–2 Liter Wasser, Saftschorlen oder ungesüßte Früchte- oder Kräutertees.

Die kleine Sünde:
Auch Süßigkeiten und fettreiche Snacks gehören dazu. Wer sich diese verbietet, bekommt schnell Heißhunger darauf. Einen Riegel Schokolade, eine Handvoll Chips oder eine Limonade sind völlig in Ordnung und sollten unbedingt genossen werden. Planen Sie sich diese kleine Sünde fest in den Tag mit ein und zelebrieren Sie dieses Extra.

WISSEN

Zwei vegetarische Beispielpläne helfen Ihnen bei der Umsetzung im Alltag:

Frühling/Sommer

Frühstück:
1 Scheibe Vollkornbrot mit Erdnusscreme und Banane, 1 Scheibe Brot mit Butter und 1 Scheibe Käse, Milchkaffee oder Tee

Snack:
1 Joghurt mit Erdbeeren

Mittagessen:
Knackiger Tomaten-Gurken-Salat mit Kohlrabischnitzel und Fischstäbchen (Seite 49)

Snack:
Gemüsesticks mit Quarkdip

Abendessen:
Pasta mit cremigem Spitzkohl, Cranberries und Mandeln mit angebratenen Pilzen und Schinkenstreifen (Seite 76)

Die kleine Sünde:
Früchte-Kokos-Konfekt oder Schokolade

Herbst/Winter

Frühstück:
Birchermüsli mit Orange und Walnüssen, Milchkaffee oder Tee

Snack:
Apfel-Sanddorn-Smoothie

Mittagessen:
Rote-Bete-Apfel-Suppe mit Parmesantalern und Schweinebraten (Seite 45)

Snack:
Gemüsesticks mit Quarkdip

Abendessen:
Herbstlicher Feldsalat mit Kürbisspalten und Schafskäse mit Belugalinsen und Hähnchenbruststücken (Seite 56)

Die kleine Sünde:
Früchte-Kokos-Konfekt oder Schokolade

Vegetarisch für Nichtvegetarier

Die Basis der vegetarischen Küche sind natürlich vor allem Obst, Gemüse, Getreide, Hülsenfrüchte, Nüsse und Öle. In der vegetarischen Küche gibt es aber auch einige besondere Produkte, die Fleisch, Fisch und auch Milch und Milchprodukte ersetzen können. Wie dies alles zu leckeren Speisen verarbeitet wird, können Sie im Rezeptteil nachschlagen.

Die Basics der vegetarischen Küche

Die Basis der vegetarischen Ernährung sind natürliche Lebensmittel. Durch den Verzehr von Hülsenfrüchten, Getreide, Gemüse, Obst, Pilzen, Nüssen, Milch und Eiern können die notwendigen Nährstoffe gut abgedeckt werden. Dabei wird die vegetarische Küche durch einige eher ungewöhliche Zutaten wie Cranberries, Quinoa und Polenta bereichert. Aus diesen Zutaten lassen sich wunderbare vegetarische Gerichte zubereiten, und das ohne bzw. mit nur wenigen Fertigprodukten. Die kleine Warenkunde der Lebensmittel zeigt die natürliche Vielfalt. Dabei wird die vegetarische Küche durch einige eher ungewöhliche Zutaten bereichert.

Hülsenfrüchte

In Bohnen, Erbsen und Linsen stecken viele wichtige Nährstoffe, wie (pflanzliches) Eiweiß, Vitamine und Mineralstoffe. Und auch besonders viele Ballaststoffe sind in den kleinen Früchten enthalten. Einweichen war gestern: In nur 15 Minuten sind gelbe oder rote Linsen gar. Sie eignen sich gut für Suppen, Aufstriche oder Currys. Berg- und Belugalinsen sind nach knapp 20–25 Minuten weich und bleiben schön kernig. Sie machen sich gut als Füllungen, Bratlinge oder einfach als Beilage. Bohnen und Kichererbsen sind toll als Salat oder in Suppen und Eintöpfen. Außerdem können sie für die Beilage – geformt zu Bällchen oder Plätzchen – zubereitet werden. Püriert schmecken Bohnen und Kichererbsen auch als Dip. Die vorgegarte Variante aus der Dose können Sie sofort verwenden. Grüne Bohnen gibt es frisch oder tiefgekühlt und sie schmecken als Salat, Beilage sowie zu Pasta. Wichtig: Hülsenfrüchte sollten nie roh gegessen, sondern immer gekocht werden. So wird der giftige Stoff unschädlich gemacht.

Getreide und Kartoffeln

Brot, Nudeln, Reis, Vollkorngetreide sowie Kartoffeln enthalten reichlich Vitamine, Mineralstoffe, Eiweiß sowie Ballast- und sekundäre Pflanzenstoffe. Sekundäre Pflanzenstoffe sind wertvolle natürliche Pflanzenbestandteile, die Einfluss auf eine Vielzahl von Stoffwechselprozessen haben. Ihnen werden verschiedene gesundheitsfördernde Wirkungen zugeschrieben. Gerade diese Inhaltsstoffe sind besonders für Vegetarier interessant. Produkte aus Vollkorngetreide sollten dabei bevorzugt werden, denn bei den Getreidekörnern sind noch die Schale und der Keimling vorhanden. Gerade diese sogenannte Kleie ist ballaststoff- und mineralstoffreich und enthält ungesättigte Fettsäuren. Das Innere besteht hauptsächlich aus Stärke und Eiweiß. Die in den Vollkornprodukten vorhandenen Spurenelemente Eisen und Zink decken gut den Bedarf ab. Wichtig: Essen oder trinken Sie dazu Vitamin-C-reiches Obst oder Säfte. Insbesondere das Eisen in pflanzlichen

Gerne verwendet

Vielleicht stolpern Sie in den Rezepten über die ein oder andere Zutat, die Sie (noch) nicht kennen. Lassen Sie sich überraschen:

Quinoa

hat seinen Ursprung in Südamerika und gehört als sogenanntes Pseudogetreide zu den Gräsern. Die glutenfreien Körner sind reich an wichtigen Aminosäuren, ungesättigten Fettsäuren, Kalzium, Eisen und Vitamin E. Es kann als Beilage, Suppeneinlage, für Bratlinge, Bällchen, Aufläufe oder süße Speisen verwendet werden.

Polenta

wird aus Maisgrieß hergestellt und kann als cremige Beilage oder als feste Variante, in Stücke geschnitten, verwendet werden. Sie wird mit Wasser, Milch oder Brühe zubereitet und mit Butter, Olivenöl, Kräutern oder Käse verfeinert.

Pak Choi

ist eine etwas mildere Kohlart, die mit dem Chinakohl verwandt ist. Pak Choi ist reich an Kalium, Kalzium, Vitamin C und Carotin und schmeckt roh als Salat oder leicht angedünstet als Beilage.

Kichererbsenmehl

gehört in viele Küchen der Welt wie Italien, Türkei und Afrika. Durch den Gehalt an hochwertigem Eiweiß, Magnesium, Eisen und Zink sowie den Vitaminen B_1 und B_6 ist Kichererbsenmehl ideal für die vegetarische Ernährung geeignet.

Cranberries

sind reich an Antioxidanzien, sekundären Pflanzenstoffen und Vitamin C. Darüber hinaus sollen sie auch bei bakteriellen Harnwegsinfektionen wirken. Cranberries geben Salaten, Pfannengerichten und Soßen eine süßlich-herbe Note.

Berglinsen

haben eine grünbraune bis rotbraune Färbung und sind etwas kleiner als andere Linsen. Der Geschmack ist wunderbar aromatisch. Die kleinen Linsen sind gut als Einlagen, Bratlinge und für Gemüsebeilagen geeignet.

Halloumi

eine Spezialität aus Zypern, ist ein halbfester Käse aus Kuh-, Schafs- oder Ziegenmilch. Er besitzt eine feste Struktur und ist perfekt für Pfanne und Grill geeignet.

Maronen

sind Nussfrüchte und reich an komplexen Kohlenhydraten, hochwertigem Eiweiß sowie essenziellen Fettsäuren. Außerdem sind Mineralstoffe und Spurenelemente wie Kalium, Kalzium, Eisen und Magnesium in den kleinen Früchten enthalten. Sie liefern die Vitamine E, C, sämtliche B-Vitamine und Betacarotin.

Hirse

ist wie Quinoa ein Pseudogetreide und gehört zu der Familie der Süßgräser. Die kleinen Körner haben einen nussigen Geschmack und sind reich an Eiweiß, Vitaminen der B-Gruppe, Eisen, Silizium und Ballaststoffen. Als Beilage, Salat, Bratlinge oder süßer Brei ist Hirse eine leckere Basis für die vegetarische Küche.

Granatapfel

schmeckt fruchtig süß und sieht mit seinen hellroten bis knallig pinken Kernen dekorativ in jeder Speise aus. Die Frucht ist reich an den Vitaminen C, K und Betakarotin sowie an Kalium, Kalzium und Eisen. Außerdem sind sekundäre Pflanzenstoffe wie Flavonoide und Polyphenole enthalten. Sie wirken antioxidativ, antientzündlich und krebshemmend.

Produkten kann der Körper schlechter aufnehmen als das vom Tier, Vitamin C unterstützt aber die Eisenaufnahme. Getreide und Kartoffeln lassen sich vielseitig verwenden – egal, ob als Suppe, Salat, Bratling, im Ofen gegart oder als Kartoffelpüree.

Gemüse und Obst

Obst und Gemüse sind die idealen Fitmacher und die kalorienärmsten Lebensmittel. Hier kann man so richtig zulangen und sich satt essen. So wird der Körper mit reichlich Vitaminen, Mineralstoffen sowie Ballaststoffen und sekundären Pflanzenstoffen versorgt. Besonders die grünen Gemüsearten wie Grünkohl, Brokkoli, Mangold und Wirsing sind interessant, denn sie enthalten viel Eisen, Folsäure und Kalzium. Genau das Richtige für eine vegetarische Ernährung. Drei Portionen Gemüse und zwei Portionen Obst über den Tag verteilt sind empfehlenswert.

Pilze

Champignons, Kräuterseitlinge oder Austernpilze – Pilze sind ebenfalls bestens geeignet für die vegetarische Küche. Sie enthalten viele Vitamine wie Vitamin A sowie D und Vitamine der B-Gruppe und Mineralstoffe wie Kalzium, Magnesium sowie wie Zink und Selen. Darüber hinaus sind Pilze eiweiß- und ballaststoffreich. Aus Pilzen kann man vielfältige Speisen zubereiten. Sie lassen sich braten, panieren, grillen, füllen oder marinieren. Pilze sind durch die fleischähnliche Konsistenz und ihre Inhaltsstoffe ein leckerer Fleischersatz.

Nüsse und Ölsamen

Nüsse und Samen wie Walnüsse, Mandeln, Haselnüsse, Sonnenblumenkerne, Sesamsaat oder Cashewkerne, enthalten bis zu 60 Prozent Fett, viele Vitamine, Mineralstoffe, Spurenelemente, Eiweiß und komplexe Kohlenhydrate. Besonders in Walnüssen sind reichlich Omega-3-Fettsäuren enthalten. Mandeln und Sesam strotzen vor Kalzium. Sehr eisenreich sind Sesamsamen und Kürbiskerne. Das macht die Nüsse so wertvoll für die vegetarische Küche. Sie schmecken in Dressings, gehackt auf Soßen, Salaten, Suppen, im Teig, auf der Pizza und zu Gemüse.

Sprossen

Sprossen passen wunderbar zur vegetarischen Küche, denn die kleinen Keimlinge werden erntefrisch verwendet und enthalten viele Vitalstoffe wie Eiweiß, Vitamine und Mineralstoffe. Insbesondere durch Kalzium und Eisen werden die Sprossen zu kleinen Kraftpaketen. Das Tolle ist: Sie können am Küchenfenster Sprossen und Keimlinge selbst ziehen. Wichtig bei der Verwendung ist das vorherige gründliche Abspülen unter fließendem Wasser oder das kurze Blanchieren in heißem Wasser, damit Keime keine Chance haben. Sprossen peppen jede Speise geschmacklich und auch optisch auf, etwa Rote-Bete-Sprossen. Egal, ob auf der Suppe, im Salat oder auf der Gemüsebeilage – Sprossen machen was her.

Algen

Algen sind sehr jodreich und schmecken leicht salzig. Darüber hinaus enthalten sie reichlich Vitamin B_{12}. Das liegt an ihrer Herkunft, denn die grünen Wasserpflanzen werden im Meerwasser der Ozeane geerntet. Es gibt verschiedene Arten (Wakame, Arame oder Dulse) und Verwendungsmöglichkeiten. In getrockneter Form als dünne Blätter, auch Nori-Blätter genannt, kann man Algen im Asialaden oder gut sortierten Supermarkt erhalten. Diese bestehen aus geröstetem Seetang und werden für die Sushi-Herstellung verwendet. Getrocknete Algen sollten vor der Verwendung kurz eingeweicht werden. Aber auch frische Algen, wie Arame-Algen, gibt es im Asialaden oder Feinkostgeschäft. Sie peppen asiatische oder mediterrane Speisen mit ihrem intensiven Meergeschmack auf. Probieren Sie Arame-Tofu aus dem Bioladen – lecker und vitalstoffreich zugleich.

Milch und Milchprodukte, Eier

Diese Lebensmittel enthalten wertvolle Nährstoffe wie Eiweiß, Kalzium und Jod. Mit diesen Produkten kann sehr gut ein Teil des Eiweiß- und Kalziumbedarfs abgedeckt werden. Wer auch auf diese Produkte verzichten möchte, kann auf pflanzliche Alternativen, wie z.B. Soja, Hülsenfrüchte, Getreide oder Mandeln, zurückgreifen. Diese Produkte sind ebenfalls eiweißreich und meist mit den notwendigen Vitaminen und Mineralstoffen angereichert. Statt Eiern können auch Mehle aus Sojabohnen oder Kichererbsen verwendet werden (1 EL Sojamehl angerührt mit 2 EL Wasser entspricht 1 Ei).

Öle

Fette, am besten als pflanzliche Öle, aber auch Avocados, Nüsse, Samen und Oliven liefern lebensnotwendige Fettsäuren und enthalten zusätzlich fettlösliche Vitamine. Tierische Lebensmittel enthalten oft viele gesättigte Fettsäuren. Diese können das Risiko für Fettstoffwechselstörungen, mit der möglichen Folge von Herz-Kreislauf-Krankheiten, erhöhen. Verzichten Sie daher auf Butter oder Schmalz und verwenden Sie besser Rapsöl, Olivenöl oder Nussöle für Dressings, Soßen und zum Garen.

Biologisch, saisonal, regional und weniger Tier

Wer sich vorwiegend biologisch und saisonal ernährt sowie beim Erzeuger in der Nähe einkauft, tut zweifach Gutes: Er hilft seiner Gesundheit und der Umwelt. Schätzungen zufolge werden etwa 20 Prozent der weltweiten CO_2-Emissionen durch Lebensmittelproduktion und -konsum verursacht. Insbesondere die Herstellung von Fleisch und tierischen Produkten wie Butter, Milch und Käse ist stark daran beteiligt. Durch eine bewusstere Lebensmittelauswahl und gezielten Einkauf können Sie aktiv einen Beitrag zum Klimaschutz leisten. Achten Sie beim Einkauf auf das Biosiegel, das Herkunftsland und auf die Saison. Ein Saisonkalender hilft beim Einkauf.

Besondere vegetarische Produkte

In der vegetarischen Küche werden Fleisch, Fisch und auch Milch und Milchprodukte durch andere besondere Produkte ersetzt. Hier stelle ich Ihnen die wichtigsten Alternativen vor. Alle diese hier vorgestellten pflanzlichen Produkte sind schnell zubereitet und enthalten jede Menge gute Inhaltsstoffe. Vegetarier und Nicht-Vegetarier können von diesen Produkten besonders profitieren, denn sie sind leicht verdaulich, fettarm und cholesterinfrei. Darüber hinaus enthalten sie jede Menge pflanzliches Eiweiß. So können die traditionellen Speisen wie Gulasch, Bratwurst, Frikadelle oder Schnitzel, gekocht werden. Auch Joghurt, Sahne und Eier können durch Alternativen ersetzt werden.

Tofu

Tofu hat eine jahrtausendealte Tradition und kommt ursprünglich aus Asien. Dieser Sojakäse besteht aus Sojabohnen, Wasser und Salz. Die Sojabohnen quellen zunächst einige Stunden in Wasser auf, werden anschließend zerquetscht, kurz aufgekocht und gefiltert. Durch ein natürliches Mineralsalz, z. B. Nigari (Magnesiumchlorid), das in die gewonnene Sojamilch gegeben wird, gerinnt diese. Die entstandene Molke wird abgetrennt und die übrig gebliebene Masse in Blöcke gepresst. So kommt Tofu vakuumverpackt und pasteurisiert als Frischeprodukt ins Kühlregal. Über die Festigkeit des Tofus entscheiden Dauer und Stärke des Pressens bei der Herstellung. Beim Seidentofu findet das Gerinnen der Sojamilch direkt in der Verpackung statt. Dabei entsteht ein stichfestes Produkt, das an Joghurt erinnert. Seidentofu schmeckt wunderbar in Desserts, Soßen oder Shakes. Tofu schmeckt gedämpft, frittiert, mariniert, gegrillt und gebraten. Mittlerweile finden Tofu-Liebhaber neben dem geschmacksneutralen klassischen Naturtofu auch aromatische Varianten mit Algen, Kräutern, Gemüse, Nüssen oder Gewürzmischungen im Handel. Aus Tofu werden auch Würstchen, Aufschnitt, Nuggets oder Schnitzel hergestellt.

TVP, das „Sojafleisch“

TVP steht für texturiertes vegetabiles Protein. Vielleicht klingt das für Sie eher nicht so appetitlich, aber glauben Sie mir, in Form von Bolognese, Geschnetzeltem oder Gulasch ist es geschmacklich der Hit. TVP wird aus entfettetem Sojamehl und

durch einen speziellen Prozess zu einer fleischähnlichen Faserstruktur verarbeitet. TVP wird im Handel in verschiedenen Größen, je nach Art der Verwendung, angeboten. Vom Medaillon bis zum Würfel und Granulat gibt es alles. Es muss vor dem Verarbeiten noch in heißem Wasser quellen und kann erst dann verwendet werden.

Tempeh

Tempeh wird ebenfalls aus Sojabohnen hergestellt und kommt ursprünglich aus Indonesien. Durch eine Edelpilzkultur werden geschälte und gekochte Bohnen fermentiert. Durch diesen Veredelungsprozess werden die Bohnen leichter verdaulich. Außerdem bekommt Tempeh dadurch einen intensiven und charakteristischen Geschmack. Tempeh lässt sich gut braten, frittieren, in Wok- oder Eintopfgerichten und generell für vegetarische Speisen verwenden. Gewürzt mit Marinaden und Gewürzmischungen entstehen leckere Köstlichkeiten.

Soja..., Soja... und Soja...

Aus der vegetarischen Küche sind Sojaprodukte wie Sojajoghurt, -sahne oder -milch gar nicht wegzudenken.

Sojamilch: Um Sojamilch zu erhalten, werden die Sojabohnen eingeweicht, gemahlen, mit Wasser aufgekocht und die entstandene Flüssigkeit filtriert. Viele Sojadrinks sind zusätzlich mit Kalzium und Vitamin B_{12} versetzt. So kann schon ein Teil des Bedarfs gut abgedeckt werden.

Sojajoghurt: Joghurt auf Sojabasis wird genauso mit Milchsäurebakterien versetzt wie echter Joghurt, nur dass als Basis Sojamilch verwendet wird. Sojajoghurt eignet sich für Süßspeisen oder als Alternative zur Herstellung von Kräuterdips oder Brotaufstrichen.

Sojasahne: Die cremig-sahnige Konsistenz entsteht, wenn Sojamilch mit pflanzlichem Öl versetzt wird. Sie ist rein pflanzlich sowie cholesterinfrei, enthält ungesättigte Fettsäuren, viel Eiweiß, Kohlenhydrate und Wasser. Sojasahne gibt es im Supermarkt, Bioladen und Reformhaus. Sie kann wie normale Sahne eingesetzt werden.

Sojamehl: Sojamehl wird auch aus gemahlenen Sojabohnen hergestellt. Es gibt vollfettes (aus der ganzen Bohne mit 18 bis 20 Prozent Fett, 38 Prozent Eiweiß) und entfettetes (Nebenprodukt der Ölgewinnung mit 50 Prozent Eiweiß, 1 Prozent Fett) Mehl. Das Mehl kann statt den Eiern im Kuchen oder in Bratlingen zur Bindung und Lockerung verwendet werden.

In den Sojaprodukten sind reichlich B-Vitamine, Vitamin E, Kalzium, Kalium, Eisen, Folsäure, Zink und Magnesium enthalten. Jedoch sollten Säuglinge und Kleinkinder generell keine Sojaprodukte bekommen, da in ihnen hormonähnliche sekundäre Pflanzenstoffe enthalten sind. Diese Phytoöstrogene können bei einer hohen Aufnahme einen Einfluss auf die Entwicklung der weiblichen Geschlechtsorgane haben.

Seitan

Ein weiteres Basisprodukt für die vegetarische Küche ist das Weizeneiweiß, auch Seitan genannt. Das fernöstliche Eiweißprodukt wird aus Vollkornweizenmehl und Wasser hergestellt. Nach einem traditionellen Herstellungsverfahren werden Stärke und Kleie des Weizens ins Wasser abgegeben und abgeschöpft. Eine gummiähnliche Masse – Gluten, das reine Weizeneiweiß – bleibt dabei übrig. Das Weizeneiweiß wird anschließend in einem würzigen Sud gegart, dabei quillt es auf und nimmt die im Sud enthaltenen Gewürze auf. Anschließend kann es wunderbar zu Gyros, Steaks oder Gulasch zubereitet werden. Kalt und warm ist

WISSEN

Vorsicht bei Zöliakie

Weizen ist gesund und gehört zu einer ausgewogenen Ernährung dazu. Aber nicht jeder verträgt ihn. Manche leiden schon nach einem Bissen an Übelkeit, Durchfall und Blähungen. Ursache ist eine Glutenverträglichkeit, die sogenannte Zöliakie. Dann sollte man auf Seitan, das ja aus Gluten hergestellt wird, verzichten.

Seitan ein echter Renner in der vegetarischen Küche. Neben Seitan als Basisprodukt gibt es viele vegetarische Fertiggerichte mit Weizeneiweiß als Grundlage. Seitan enthält viel hochwertiges pflanzliches Protein und ist somit ideal, um den täglichen Eiweißbedarf bei vegetarischer oder veganer Ernährung zu decken.

Lopino

Auch aus heimischen Süßlupinen (Hülsenfrüchte) kann eine quarkähnliche Masse hergestellt werden. Die Erzeugung ähnelt der Tofuherstellung. Als Block, Bratling oder Brotaufstrich wird das Produkt im Handel angeboten. Es schmeckt intensiver und nussiger als Tofu. Einige Hersteller verwenden die Süßlupinen auch für die Speiseeisherstellung. Besonders für den Sommer ist die vegane Erfrischung sehr gut geeignet und ist in verschiedenen Geschmacksrichtungen im Supermarkt oder Bio-Laden erhältlich.

Einkaufstipp V-Label:

Wer beim Einkauf auf das V-Label achtet, muss nicht mehr die langen Zutatenlisten studieren. Auch wenn die Zutatenliste unter die Lupe genommen wird, ist man sich nicht immer 100%ig sicher, ob die einzelnen Zutaten wirklich keinen tierischen Ursprung haben. Das V-Label, welches als Kennzeichnung auf Lebensmittelverpackungen und Speisekarten eingesetzt wird und in Deutschland vom Vegetarierbund Deutschland e.V. (VEBU) vergeben wird, ist eine gute Orientierungshilfe für Vegetarier und Veganer.

Mangelware? Bei uns nicht!

Einfach nur die tierischen Lebensmittel vom vegetarischen Teller zu verbannen, ist auf Dauer gesundheitlich nicht empfehlenswert und auch geschmacklich langweilig. Bei den sogenannten Puddingvegetariern – die einfach Fleisch und Fisch weglassen ohne einen adäquaten Ersatz – kann es langfristig zu einem Mangel an verschiedenen Nährstoffen kommen.

Regelmäßig kommen Mütter zu mir und berichten: „Meine Tochter möchte auf einmal kein Fleisch mehr essen, gerade jetzt, wo sie in die Pubertät kommt. Sie ist doch in einer so wichtigen Entwicklungsphase. Ich mache mir große Sorgen, ob sie denn auch alle Nährstoffe bekommt, die sie braucht. Und jetzt hat auch noch ihre Menstruation gerade eingesetzt. Woher bekommt sie das notwendige Eisen, wenn sie kein Fleisch mehr isst?"

Diese Sorgen sind unbegründet. Natürlich ist es gerade bei Kindern und Heranwachsenden, die durch ihr Wachstum häufig einen höheren Bedarf an einigen Vitaminen und Mineralstoffen haben, sinnvoll, auf die Nährstoffe zu achten. Aber Sie können gezielt schmackhafte Alternativen auf den Speiseplan bringen, die Mangelerscheinungen vorbeugen.

Im folgenden Abschnitt gebe ich Ihnen Informationen an die Hand, auf welche wichtigen Nährstoffe Sie bei einer vegetarischen Ernährung achten sollten und in welchen pflanzlichen Lebensmitteln diese Nährstoffe zu finden sind. Alle Rezepte in diesem Buch sind nach diesen Empfehlungen entwickelt, damit kein Nährstoffmangel entsteht. Denn mit einer bewussten Auswahl an Lebensmitteln kann einem Defizit ganz einfach vorgebeugt werden.

Wichtige Nährstoffe für Vegetarier

Vitamin B12 (Cobalamin)

Vitamin B12 ist wichtig für die Blutbildung und schützt die Nervenzellen. Es kommt hauptsächlich in tierischen Produkten vor, kann aber durch angereicherte Lebensmittel wie Sojadrinks und Nahrungsergänzungsmittel aufgenommen werden. Vegetarisch lebende Menschen können Vitamin B12 gut über Algen, Eier, Milchprodukte und vergorene Lebensmittel (Sauerkraut) aufnehmen. Anders sieht es bei Veganern aus. Diese sollten das Vitamin über Nahrungsergänzungsmittel zuführen.

Tipp

Wer sich vegan ernährt, sollte zu Nahrungsergänzungsmitteln greifen.

Vitamin B2 (Riboflavin)

Vitamin B2 wird für die Energiegewinnung beim Nährstoffabbau und für das Wachstum sowie zur Immunabwehr benötigt. Es kommt in Nüssen, Pilzen, Ölsamen, Hülsenfrüchten und in Vollkorngetreide vor.

Tipp

Verwenden Sie wenig Kochwasser für Gemüse, Getreide und Hülsenfrüchte und nutzen Sie es weiter, um Vitamin-B2-Verluste zu minimieren.

Vitamin D

Vitamin D ist für die Regulation des

Kalzium- und Phosphathaushalts, der Knochenbildung und Immunabwehr wichtig. Geringe Mengen sind in Pilzen, Käse und Eiern sowie Avocados vorhanden. Vitamin D wird von unserem Körper hauptsächlich selbst gebildet. Durch Sonneneinstrahlung findet eine Eigensynthese in der Haut statt.

Tipp

Gehen Sie mindestens 15 Min. täglich ins Freie und tanken Sie, wenn möglich, Sonne. So kann der Vitamin-D-Speicher gut aufgefüllt werden.

Eisen

Eisen ist ein Spurenelement, das für den Sauerstofftransport, die Immunabwehr und die Synthese von Hormonen und Neurotransmittern verantwortlich ist. Ein Mangel äußert sich in Müdigkeit und Schwäche bis hin zur Blutarmut. Zahlreiche pflanzliche Lebensmittel können zur Eisenversorgung beitragen: Es kommt in Vollkorngetreide (Hirse, Haferflocken, Quinoa, Weizen) und deren Produkten wie Brot, Müsli, Nudeln etc. vor. Des Weiteren ist der Mineralstoff in Hülsenfrüchten (Linsen, Sojaprodukten), Ölsamen (Sesam, Kürbiskerne), Nüssen, grünem Gemüse (Fenchel, Feldsalat, Rucola, Zucchini, grüne Erbsen, Spinat) und Trockenfrüchten (Pfirsich, Aprikose, Dattel) reichlich vorhanden.

Rezepte mit viel Eisen:

- Hirse-Kräutersalat mit Granatapfel und Minzsoße mit Kichererbsenbällchen und Lammhackbällchen
- Herbstlicher Feldsalat mit Kürbisspalten und Schafskäse mit Belugalinsen und Hähnchenbruststücken

Tipp

Eisen aus pflanzlichen Produkten kann der Körper nicht so gut aufnehmen. Vitamin C hilft dabei und verbessert die Aufnahme. Kombinieren Sie Vitamin-C-reiches Obst mit eisenhaltigem Gemüse. Übrigens: Kaffee, schwarzer Tee, Milch und Eier hemmen die Eisenaufnahme.

Jod

Jod ist ein Bestandteil der Schilddrüsenhormone und wird zur Stoffwechselregulation, Knochen- und Gehirnentwicklung sowie zur Zellteilung benötigt. Bei einem Mangel kann es zur Kropfbildung und zur Beeinflussung des Stoffwechsels kommen. Jod kommt in jodiertem Speisesalz, Algen, Pilzen, Hülsenfrüchten, Milch und Milchprodukten sowie Karotten vor.

Rezepte mit viel Jod:

- Salat „Orange" aus Mango, Kürbis und Karotten mit gebratenem Arame-Tofu und Garnelen
- Gemüsepuffer mit Schafskäsedip mit Algensalat und Lachsscheiben

Zink

Zink aktiviert Enzyme sowie Hormone, ist für die Aufrechterhaltung des Säure-Basen-Haushalts zuständig und außerdem wichtig für das Immunsystem. Zudem schützt dieser Mineralstoff vor freien Radikalen und wird für die Wundheilung und das Zellwachstum benötigt. Zink kommt wie Eisen in Vollkorngetreide, Hülsenfrüchten, Ölsamen, Käse, Eiern und Nüssen vor.

Rezepte mit viel Zink:

- Senfeier mit Karotten-Apfel-Salat und Kartoffeln
- Gemüse-Hafer-Crumble mit Kräutertofu und Lachsfilet

Kalzium

Kalzium ist wichtig für den Aufbau von Knochen und Zähnen sowie für die Funktion der Nerven und Muskeln. Gerade im Wachstum ist der Bedarf an diesem Mineralstoff besonders hoch. Kalzium findet sich in Milch, grünem Gemüse wie Brokkoli oder Grünkohl, Kräutern, Nüssen (Mandeln, Paranüssen), Ölsamen (Sesam) und kalziumreichen Mineralwässern (> 150 mg Kalzium pro Liter). Wer Milch und Milchprodukte zu sich nimmt, kann mit etwa drei Portionen am Tag seinen Kalziumbedarf abdecken – etwa mit 1 Glas Milch zum Frühstück, 1 Becher Joghurt als Snack zwischendurch und 1 Scheibe Käse aufs Brot am Abend.

Rezepte mit viel Kalzium:
- Kürbis-Weizen-Salat mit gegrilltem Halloumi und Hähnchenbrustfilet
- Kartoffel-Blumenkohl-Stampf mit gebackenem Schafskäse und panierten Hähnchennuggets

Tipp

Vitamin D verbessert die Kalziumaufnahme. Phytinsäure (z. B. in Getreide), Oxalsäure (z. B. in Spinat oder Rhabarber) sowie Ballaststoffe hemmen diese.

Omega-3-Fettsäuren

Omega-3-Fettsäuren sind lebensnotwendig und besonders für die Augen- und Gehirnentwicklung von Bedeutung. Außerdem können sie vor Herz-Kreislauf-Erkrankungen schützen. Darüber hinaus können die mehrfach ungesättigten Fettsäuren entzündungshemmend wirken und kommen in pflanzlichen Ölen wie Lein-, Walnuss- oder Rapsöl und in Samen und Nüssen (vor allem Leinsamen und Walnüssen) vor.

Protein (Eiweiß)

Eiweiß ist ein wichtiger Hauptnährstoff und Bestandteil jeder Zelle. Es wird zum Aufbau und zur Erneuerung der körpereigenen Proteine, insbesondere für die Muskeln, benötigt. Der Körper kann bestimmte Aminosäuren (Eiweißbausteine) nicht selbst herstellen. Sie müssen daher mit der Nahrung zugeführt werden. Wer sich vegan ernährt, kann den Eiweißbedarf durch Vollkorngetreide, Hülsenfrüchte, Sojaprodukte, Ölsamen und Kartoffeln decken. Darüber hinaus ist Eiweiß in Milch und Milchprodukten sowie Eiern reichlich enthalten.

Tipp

Kombinieren Sie verschiedene Proteinquellen miteinander. So erhalten Sie alle wichtigen und notwendigen Aminosäuren. Müsli mit Milch, Kartoffeln mit Quark und Vollkornnudeln mit Käse sind leckere und gute Kombinationen.

Praxistipps für Kinder

Für Kinder ist eine vegetarische Kost mit Milch und Eiern (ovo-lakto-vegetarisch) gut geeignet und versorgt die Kids mit reichlich Nährstoffen. Dabei sollte aber besonders darauf geachtet werden, dass die Kinder sich ausgewogen ernähren. Wenn es dazu noch schmeckt, greifen die Kinder gerne zu.

- Kinder sollten täglich Milch und Milchprodukte zu sich nehmen. So nehmen sie neben Eiweiß und Kalzium auch Vitamin B12 in ausreichendem Maße auf. Drei Portionen Milch und Milchprodukte, wie 1 Glas Milch, 1 Becher Joghurt und 1 Scheibe Schnittkäse, decken den Kalziumbedarf ab.
- Für hochwertiges Eiweiß und Vitamine der B-Gruppe dürfen es 2–3 Eier pro Woche sein.
- Um den Bedarf an Jod und Omega-3-Fettsäuren zu decken, ist eine kleine Menge Fisch empfehlenswert. Ihr Kind mag keinen Fisch? Dann decken Sie das Jod durch den Einsatz von Jodsalz und die Omega-3-Fettsäuren durch die Verwendung von Rapsöl oder Nüssen ab.
- Mit einer ausgewogenen und abwechslungsreichen Kombination aus Getreide, Kartoffeln, Hülsenfrüchten, Gemüse, Obst sowie Milch und Milchprodukten und Eiern können Sie den Nährstoffbedarf Ihre Kindes gut decken.

Tipp

Vegan ist nicht kindertauglich. Eine vegane Kost ist für Kinder nicht geeignet, da es zu einer unzureichenden Nährstoffversorgung, insbesondere bei der mit Vitamin B12, kommen kann.

Umsetzung in der Küche

Jetzt geht es in die Küche. Wer entspannt und mit wenig Aufwand etwas Leckeres kochen möchte, kann mit Hilfe einiger Tricks Zeit sparen und das Bestmögliche aus den Lebensmitteln herausholen. Mit einem Plan beim Einkauf und in der Küche sowie Ideen zur Umsetzung der Rezepte geht das ganz leicht.

Meine Rezepte sind für Menschen gemacht, die regelmäßig kochen und sich gerne der Herausforderung stellen, alle am Tisch mit schmackhaften Gerichten zu verwöhnen. Die Rezepte sind so konzipiert, dass alle Produkte im normalen Supermarkt erhältlich sind und nicht extrem viel Zeit beim Kochen in Anspruch genommen werden muss. Wenn es mal ein komplizierteres Rezept gibt und Sie dennoch genug Zeit für Ihre Lieben haben möchten, ist allerdings ein gewisses Zeitmanagement und sinnvolle Vorratshaltung in der Küche hilfreich. Und wenn außerdem noch auf Dinge wie die Garmethoden, die Herkunft der Produkte und die Präsentation der Speisen geachtet wird, haben alle ihre Freude am Essen.

Praktische Tipps für die Küche

Ihr Plan

Ein Speiseplan für ein paar Tage oder für die gesamte Woche ist für eine gute Organisation hilfreich. Planen Sie die Speisen am besten mit der gesamten Familie, dann kann jeder seine Wünsche äußern, und Sie wissen, dass für alle etwas dabei ist. So lassen sich die Mahlzeiten über eine Woche hinweg ausgewogen gestalten.

Rezepte

Eine Rezeptsammlung mit Ihren Lieblingsrezepten hilft beim Gestalten der Woche. Mischen Sie schnelle Rezepte mit etwas aufwendigeren, so müssen Sie nicht jeden Tag stundenlang in der Küche stehen. Lesen Sie die Rezepte bevor Sie starten in Ruhe durch, damit während des Kochens keine Missverständnisse aufkommen.

Einkaufsliste

Um mit einem roten Faden durch den Supermarkt zu gehen, ist eine Einkaufsliste empfehlenswert. Schreiben Sie vorab Ihre Einkaufsliste nach dem Speiseplan und kaufen Sie nur das, was Sie auf die Liste geschrieben haben, so sparen Sie Zeit und Geld.

Richtig Lagern

Neben dem Einkauf ist auch das Lagern der Lebensmittel wichtig. Wenn die Einkäufe richtig gelagert werden, spart man Zeit bei der Suche und Geld, da weniger im Müll landet. Die meisten Lebensmittel sind am besten in einer kühlen und dunklen Umgebung aufgehoben. Grundsätzlich gilt: Was am kürzesten haltbar ist, gehört in den Kühlschrank. So halten Milchprodukte, Eier, Tofu, Fleisch und Fisch am besten frisch. Trockenware kommt in den Vorratsschrank und viele Obst- und Gemüsesorten fühlen sich auch bei Raumtemperatur sehr wohl. Achten Sie auf die Verpackungshinweise, denn dort ist die ideale Lagerung meist vermerkt.

Einmal kochen, zweimal essen

Planen Sie beim Kochen am Abend für den nächsten Tag mit. Reste

WISSEN

Was sollte in den vegetarischen Vorratsschrank?

Es macht Sinn, lang haltbare Lebensmittel im Vorratsschrank zu haben, um auch mal spontan etwas zubereiten zu können. Checken Sie regelmäßig Ihren Vorratsschrank und kaufen Sie wöchentlich groß ein. Hier die Highlights, die immer einen Platz im Vorratsschrank haben sollten:

- Kartoffeln
- Vollkornnudeln, Naturreis, Getreide (Couscous, Dinkel, Bulgur)
- Hülsenfrüchte, getrocknet (Linsen)
- Hülsenfrüchte in der Dose (Kichererbsen, Bohnen)
- Haferflocken, Müsli und Nüsse
- Trockenfrüchte
- Vollkornmehl
- Eier
- Öl und Essig, Senf, Tomatenmark
- geschälte Tomaten in der Dose für Soßen oder Suppen
- Gewürze
- Milch
- Getränke wie Wasser oder Tee
- Tiefkühlprodukte: Kräuter, Gemüse (ohne Soße), Obst wie Beeren, Kirschen oder Zwetschgen

können Sie mit zu Ihrer Arbeitsstelle nehmen oder einfach zu einer neuen Speise verarbeiten.

Küchengeräte

Ein scharfes Messer, ein Mörser, ein Kartoffelstampfer, eine beschichtete Pfanne oder ein robuster Stabmixer – gute Küchengeräte erleichtern die Arbeit und bringen noch mehr Spaß beim Kochen.

Küchenordnung

Auch eine Küche mit System spart Zeit. Gestalten Sie Ihre Küchenschränke so, dass Sie beim Kochen die Geräte und Zutaten schnell zur Hand haben. Ein fester Platz für alle Geräte verhindert langes Suchen.

Mise en Place

Eine gute Vorbereitung ist für einen entspannten Kochablauf empfehlenswert. Legen Sie sich alle Küchengeräte und Lebensmittel an Ihrem Platz zurecht und beginnen Sie mit der Zubereitung der Komponente, die am längsten dauert.

Kurze Garzeiten

Wenn es schnell gehen soll, sind Paprika, Zucchini und das Minutenschnitzel besser als Hähnchenkeulen. Auch das Pfannenrühren im Wok oder das Grillen auf dem Elektrogrill gehen ganz fix. Praktisch ist, dass die meisten Fleischalternativen, wie Tofu oder Seitan, ganz schnell zubereitet sind.

Kombinieren Sie

Viele vorgefertigte oder tiefgekühlte Produkte können Sie mit frischen Zutaten aufpeppen. Das spart Zeit und ist ernährungsphysiologisch kein Problem, wenn diese mit frischen Zutaten kombiniert werden. So sind die Tomaten aus der Dose klasse für die Tomatensoße. Die Gnocchi aus der Frischetheke, kombiniert mit frischem Gemüse, oder die Dose Kichererbsen, zubereitet mit frischer Paprika, sind lecker und gesund.

Alles in einem Topf

Pfanne oder Topf für beide Varianten nutzen! Erst die vegetarische Speise und dann die Fleischvariante zubereiten – so sparen Sie Geschirr und müssen nicht zu viel spülen. Diese Variante ist aber evtl. etwas zeitaufwendiger und die vegetarische Speise sollte währenddessen warm gehalten werden.

Schönes Kochgeschirr

Schöne Pfannen, Auflaufformen oder Töpfe sehen auf dem Herd und auch auf dem Esstisch klasse aus. Es spart zudem Geschirr und Arbeit, wenn nichts umgefüllt werden muss.

Einfach abwandeln

Viele traditionelle Fleischgerichte können gut zu einer vegetarischen Variante abgewandelt werden. Die Fleischalternativen, Hülsenfrüchte,

Getreideprodukte und Gemüse sind dafür bestens geeignet.

Vegetarisches Grundrezept

Verwenden Sie für beide Varianten ein Grundrezept, das vegetarisch zubereitet wird. So haben Suppen, Gulasch, Soßen oder Pfannen die gleiche Basis, z. B. mit Gemüsebrühe oder Gemüsefond.

Gemüse verstecken

Gemüse ist nicht immer der beste Freund unserer Kinder. Damit Ihre Kids trotzdem genug Gemüse essen, können Sie Möhren oder Blumenkohl super verstecken, z. B. in pürierten Suppen und Soßen, Püree, Puffern oder auf der Pizza. Witzige Namen wie Bäumchenauflauf oder Garfields Kürbissuppe machen Lust auf die Gemüseportion. Wird Gemüse mit etwas Käse überbacken, schmeckt es den Kleinen noch besser, und eine Portion Kalzium gibt es noch extra dazu.

Garverfahren

Bei der Verarbeitung von Obst und Gemüse sollten Sie darauf achten, dass möglichst viele Nährstoffe erhalten bleiben. Kochen Sie das Gemüse deshalb nicht „tot". Wählen Sie lieber nährstoffschonende Garverfahren wie Dünsten, Dämpfen oder Grillen. So bleibt auch das Aroma beim Garen weitgehend erhalten.

WISSEN

Tipps gegen Vitamin-Killer

- Obst und Gemüse nicht zerkleinert waschen und wässern.
- Wenn die Zutaten noch nicht direkt verarbeitet werden, dann diese luftdicht im Kühlschrank aufbewahren. Am besten bereiten Sie das frische Obst und Gemüse erst kurz vor dem Verzehr zu.
- Garen Sie Gemüse immer „auf Biss", so bleiben der Geschmack, die Farbe und auch die Nährstoffe erhalten.
- Obst und Gemüse müssen nicht immer geschält werden, denn in der Schale stecken die meisten Vitamine. Verwenden Sie Bioware, die enthält weniger Pestizide und chemische Pflanzenschutzmittel. Durch den geringeren Wassergehalt in der Bioware sind dort mehr Vitamine enthalten als in konventioneller Ware.
- Zu langes Warmhalten der Speisen zerstört viele Vitamine und Mineralstoffe.

Rezepte rein vegetarisch einplanen

Es muss nicht jeden Tag Fleisch auf den Tisch kommen. Die Deutsche Gesellschaft für Ernährung empfiehlt, zwei- bis dreimal in der Woche Fleisch inkl. Wurst und ein- bis zweimal Fisch zu essen. Der Rest sollte überwiegend mit pflanzlicher Kost abgedeckt werden. Das schont das Klima und die Gesundheit. Kochen Sie doch dreimal in der Woche rein vegetarisch für alle am Tisch. Am besten natürlich Rezepte, die allen schmecken. Auch wenn man über den Tellerrand anderer Nationen schaut, entdeckt man zahlreiche vegetarische und vegane Rezepte.

Lecker gekocht – schön serviert

Sicher kennen Sie den Spruch „Das Auge isst mit". Neben dem Geschmack ist natürlich auch die Optik der servierten Gerichte wichtig. Mit einigen Tipps und Ideen, die bei den Rezepten gezeigt werden, können Sie die Speisen schmackhaft arrangieren und damit Ihre Familie und Gäste beeindrucken.

Klassiker auf vegetarisch

Viele Klassiker kann man auch als vegetarische Variante zubereiten. So schmeckt der Gulasch, die Frikadelle, die Bolognese-Soße oder das Schnitzel auch lecker auf Basis von Linsen, Tofu, Pilzen, Getreide oder Gemüse.

Mein Aroma ist dein Geschmack

Neben dem Vorratsschrank sind ein gut ausgestattetes Gewürzregal und ein Kräuterkasten auf dem Balkon für Geschmack und Auge ein „Must have". Die verschiedenen Aromen der Gewürze und Kräuter geben jeder Speise ein gewisses Extra. Experimentieren Sie mit den Blättern, Wurzeln und Samen – für einen individuellen Geschmack.

Mein Gewürzschrank

Meine Küche ist im Verhältnis eher klein geraten, doch mein Gewürzschrank ist umso größer. Gewürze sind für mich absolut notwendig. Mit der richtigen Würzung entsteht so ein individueller Geschmack. Ich lagere die meisten Gewürze als Ganzes, also Pfefferkörner statt gemahlenem Pfeffer oder Kardamonkapseln anstelle von gemahlenem Kardamon. Ich zerstoße immer nur die gerade benötigte Menge im Mörser. Wenn ich die Samen dann im Mörser zerstoße, steigt schon ein toller Duft in meine Nase. Das liegt an den ätherischen Ölen, die dabei freigesetzt werden. Werden die Gewürze vor dem Zermahlen kurz angeröstet, kann die Würzkraft noch verstärkt werden. Bei gemahlenen Gewürzen sind diese Öle schon teilweise freigesetzt, daher haben sie ein geringeres Aroma. Aber auch schon gemahlene Mischungen finden sich in meinem Gewürzschrank, denn es gibt Hersteller, die tolle Gewürzmischungen anbieten. Die ätherischen Öle in den Gewürzen sind sehr empfindlich gegenüber Luft, Licht und Feuchtigkeit. So kann schnell das Aroma verloren gehen. Lagern Sie deshalb Gewürze an trockenen, kühlen und dunklen Plätzen und verschließen Sie diese in Gläsern oder Dosen.

Übrigens: Gewürze schmecken nicht nur toll, sie haben durch ihre Inhaltsstoffe, wie die ätherischen Öle, Gerb-, Bitter- und Scharfstoffe eine heilende Wirkung und helfen z. B. bei Verdauungsproblemen, bei Erkältungen, fördern die Durchblutung oder regen den Stoffwechsel an.

Meine Gewürzfavoriten sind: Koriander, Kardamom, schwarzer Pfeffer, Chili, Senfsamen und Kreuzkümmel. Daraus kreiere ich gerne eigene Mischungen. Hier meine Lieblingsgewürzmischungen, die Sie auch in den Rezepten wiederfinden.

Exotische Würzmischung

verführerisch

▶ Für mehrere Gerichte
gelingt leicht ⏲ **5 Min.**
¼ TL Koriandersaat · ¼ TL Kreuzkümmelsamen · je ¼ TL schwarze und weiße Pfefferkörner · ¼ TL Senfsaat · 2 Kardamomkapseln

- Die Samen werden kurz in einer Pfanne angeröstet.
- Die Kardamomkapseln werden aufgebrochen und die Samen herausgenommen.
- Alles in einem Mörser zerstoßen oder mit einer Mühle mahlen.

Tipp
Damit können wunderbar Tofu, Fleischgerichte und Gemüse gewürzt werden.

Scharfer Mix

Pikant

▶ Für mehrere Gerichte
gelingt leicht ⏲ **5 Min.**
1 trockene Chilischote · ½ TL Koriandersaat · ¼ TL Szechuanpfeffer · 1 kleine Zimtstange · 4 Pimentkörner

- Die Zutaten werden kurz in einer Pfanne angeröstet und anschließend in einem Mörser zerstoßen oder mit einer Mühle gemahlen.

Tipp

Diese Mischung passt toll zu deftigen Grillspeisen, Roter Bete, Risotto und Curry-Gerichten.

Das Salz in der Suppe

In meinem Gewürzschrank stehen nicht nur Koriander, Chili und Co., sondern auch verschiedene Salze. Salz kann in Maßen jede Speise aufpeppen. Dabei ist die Wahl der salzigen Würzung wichtig, denn es gibt verschiedene Salze, die einen unterschiedlichen Geschmack und eine Textur haben. Ich verwende am häufigsten Meersalz, am besten frisch gemahlen aus der Mühle. Meersalz hat durch die enthaltenen Mineralien, Algen und Meeresablagerungen einen runden salzigen Geschmack. Es betont in jeder Speise deren Eigengeschmack und kann außerdem gut für Salzmischungen verwendet werden. Das grobe Salz nehme ich dann für Mischungen für die Mühle, das etwas feuchte und feine Meersalz für Gewürzmischungen, die man mit den Fingern verwendet oder einfach als Tischsalz. Darüber hinaus ist mein Lieblingssalz Fleur de Sel. Es schmeckt aromatisch und knuspert am Anfang ganz leicht, bis es dann auf der Zunge zergeht. Dieser Geschmackseindruck kommt von den pyramidenartigen Kristallen, die aussehen wie kleine Blumen oder Schneeflocken. Am leckersten finde ich es, wenn ich Weißbrot in ein gutes Olivenöl tunke und dann mit dem Fleur de Sel bestreut genieße. Da brauche ich nichts anderes.

Als Geschenk und auch für den Eigengebrauch, aufbewahrt in schönen Gläsern oder in einer Gewürzmühle, mische ich mir gerne verschiedene Salze. Hier meine Lieblingssalzmischungen:

Pfeffrige Mischung

Dekorativ und fruchtig

▶ Für mehrere Gerichte
gelingt leicht ⏲ **5 Min.**
2 EL grobes Meersalz · je 1 EL schwarzer und weißer Pfeffer · Rosa Pfefferbeeren · Koriandersaat · Senfsaat

Tipp
Diese Mischung eignet sich gut zu Pasta- und Reisgerichten, Fleisch, Fisch, Gemüse sowie zu hellen Soßen und Suppen.

Salz-Thymian-Gewürzblüten-Mischung

Blumig aromatisch

▶ Für mehrere Gerichte
gelingt leicht ⏲ **2 Min.**
50 g feines Meersalz · 1 TL Gewürzblütenmischung „Alles Liebe“ von Sonnentor · ¼ TL getrockneter Thymian

- Zutaten mischen und in ein Glas oder Tütchen füllen.

Tipp
Die Mischung schmeckt lecker zu Pasta, Tofu, Fleisch, Fisch und feinem Gemüse.

Limetten-Salz

Fruchtig sauer

▶ Für mehrere Gerichte
gelingt leicht ⏲ **5 Min.**
Limettenschale von ca. 5–6 Limetten · 50 g Fleur de Sel

- Schale wird abgerieben, im Ofen bei niedriger Temperatur getrocknet und mit dem Fleur de Sel vermischt.

Tipp
Dieser frische Mix schmeckt klasse zu gegrilltem Gemüse, Salat oder leichten Suppen.

Geschmacksvielfalt durch Kräuter

Neben Gewürzen sind für mich auch frische und getrocknete Kräuter für einen tollen Geschmack im Essen essenziell. Auf meinem Balkon oder in der Küche sind bei mir immer Kräuter zu finden. So habe ich das passende Kraut sofort griffbereit. Ich verwende am liebsten Zitronenthymian, Rosmarin, Petersilie, Basilikum, Oregano und Majoran. Diese Kräuter haben eine herbe Note und passen gut zu mediterranen Speisen. Auch frische Minze befindet sich in meinem Kräuterkasten. Diese verwende ich gerne für Getränke, orientalische Dips, Salate und Suppen. Übrigens: Säen Sie gemeinsam mit Ihren Kindern Kresse aus. Die wächst schnell und die Kids freuen sich über einen leckeren Ernteerfolg. Kresse schmeckt lecker in Quarkdips, Dressings und in Suppen.

Frische Kräuter können ganz fix mit einem guten Olivenöl zu aromatischen Pestos verarbeitet und zu Pasta, als Dip oder Brotaufstrich genossen werden. Hier meine Lieblingspestos:

MERKE

Tipp

Schließen Sie die Augen und schnuppern Sie an Gewürzen, Kräutern, Zitronenschalen, Kaffeebohnen oder Schokolade. Lassen Sie die Aromen auf der Zunge zergehen und testen Sie Ihre Speisen mal mit geschlossenen Augen. Mit diesen Sinneserfahrungen können Groß und Klein die Speisen bewusster erleben und auf den Geschmack neuer Zutaten kommen. So werden unsere Sinne angesprochen und trainiert.

Basilikum-Pesto

Mediterran

▶ Für mehrere Gerichte
gelingt leicht ⏲ 5 Min.
1 Bund Basilikum · 30 g Parmesan · 2 EL angeröstete Pinienkerne · 120 ml Olivenöl · Pfeffer · Salz

- Die Zutaten werden püriert und mit Salz und Pfeffer gewürzt.

Petersilien-Pesto

Mediterran

▶ Für mehrere Gerichte
gelingt leicht ⏲ 5 Min.
1 Bund Blattpetersilie · 2 Zehen Knoblauch · 4 EL gemahlene Haselnüsse · 120 ml Olivenöl · Salz · Pfeffer

- Alles pürieren und mit Salz und Pfeffer würzen.

Kräuteröl

Urlaubserinnerungen

▶ Für mehrere Gerichte
gelingt leicht
⏲ 5 Min.; eine Woche ziehen lassen
3 Zweige Rosmarin · 2 Chilischoten · 3 geschälte Knoblauchzehen · ½ TL Pfefferkörner · Olivenöl

- Alle Zutaten in eine Flasche füllen, mit Olivenöl auffüllen und eine Woche ziehen lassen.

Tipp
Dieses Öl ist eine schöne Dekoration für das Küchenregal und als Geschenk der Renner.

Aroma-Zutaten

Für mich sind Zutaten wie Wein (oder Saft, wenn Kinder mitessen), Knoblauch, Zwiebeln, getrocknete Tomaten oder Essig beim Kochen ebenfalls wichtig. Zu Gemüse, Kartoffeln und Pasta passen getrocknete Tomaten, Knoblauch oder Oliven. Zu einer echten Sensation werden Tofu und Co. mit Ingwer, Orangenschale und Knoblauch. Meine absoluten Lieblingszutaten sind Limetten, Schokolade und Essig. Diese haben ein intensives Aroma und verleihen den Speisen einen einmaligen Geschmack. Haben Sie schon Tofu in Schokoladensoße oder Belugalinsen mit Balsamicoessig probiert? Einfach köstlich!

Ich verwende auch gerne Marinaden, um Tofu, Gemüse, Kartoffeln und Pilzen einen stärkeren und individuellen Geschmack zu geben. Meine Lieblingsmarinaden:

Scharfe Buttermilch-Limetten-Marinade

Sauer und scharf

▶ Für ein Gericht
gelingt leicht ⌚ 10 Min.
1 kleine gehackte Knolle Ingwer · 1 gehackte Knoblauchzehe · 1 klein geschnittene Chilischote · 5 EL Buttermilch · 1 TL Senf · ½ TL Currypulver · 2 EL Limettensaft

- Alle Zutaten miteinander vermischen. Gargut mit der Marinade etwa 1 Stunde marinieren. Wie gewünscht garen und mit Salz würzen.

Tipp
Passt gut zu Tofu, Gemüse, Geflügel und Fisch.

Balsamico-Thymian-Marinade

Nussig und süß

▶ Für ein Gericht
gelingt leicht ⌚ 5 Min.
1 gehackte rote Zwiebel · Blätter von 2 Zweigen frischem Thymian · 2 EL Aceto balsamico · 2 EL Kirschsaft · 1 TL Honig · 1 EL Walnussöl

- Alle Zutaten miteinander vermischen. Gargut mit der Marinade etwa 1 Stunde marinieren. Wie gewünscht garen und mit Salz würzen.

Tipp
Passt gut zu Seitan, Pilzen, Gemüse, Fleisch.

Bier-Senf-Marinade

Raffiniert

▶ Für ein Gericht
gelingt leicht ⌚ 5 Min.
1 gehackte Zwiebel · 100 ml Bier · 2 TL Senf · 1 TL Honig · 1 EL Olivenöl

- Alle Zutaten miteinander vermischen. Gargut mit der Marinade etwa 1 Stunde marinieren. Wie gewünscht garen und mit Salz würzen.

Tipp
Passt gut zu Tofu, Fleisch und Gemüse.

Und zu guter Letzt geben frische Kräuter, Kresse, geröstete Nüsse, frisch gemahlener Pfeffer oder Salzflocken den letzten Schliff, wenn sie kurz vor dem Servieren über das Essen gestreut werden.

Und nun viel Spaß beim Kochen!

Die besten Duo-Rezepte

Mit diesen Rezepten werden zwei Fleischfans und zwei Veggie-Liebhaber satt und glücklich. Wählen Sie aus einer Vielzahl von pfiffigen grün-orangen Duo-Rezepten und machen Sie zwei Veggie-Liebhaber (grüne Komponente) und zwei Fleischfans (orange Komponente) glücklich. Die meisten Gerichte sind einfach und schnell zuzubereiten. Achten Sie auch auf den Hinweis „vegan“.

Kalte Avocadosuppe
mit gebratenen Tempehscheiben und Garnelen

In Gläsern serviert ein Hit auf der Sommerparty.

▶ Für 4 Personen
gelingt leicht ⏲ 20 Min.
2 reife Avocados · 4 TL Limettensaft · 2 Zweige Blattpetersilie · 2 Zweige Minze · 1 Schalotte · 1 Knoblauchzehe · 800 ml Buttermilch · 200 ml Milch · Meersalz, Pfeffer (frisch gemahlen), Chiliflocken · 100 g Tempeh · 150 g Garnelen, geschält und ohne Kopf · 2 EL Olivenöl · Minzblätter zum Garnieren

- Die Avocados halbieren und den Kern entfernen. Mit einem Löffel das Fruchtfleisch herauslösen und mit dem Limettensaft in einem großen Gefäß mit einem Stabmixer pürieren.
- Kräuter waschen und trocken schütteln. Schalotte und Knoblauch abziehen und fein hacken.
- Buttermilch, Milch und Kräuter zu den Avocados geben und weiter pürieren, bis die Masse cremig ist. Schalotte und Knoblauch unterrühren. Mit den Gewürzen abschmecken und kühl stellen.
- Tempeh in Scheiben schneiden. Garnelen waschen und trocken tupfen.
- In zwei Pfannen je 1 EL Öl erhitzen und Garnelen sowie die Tempehscheiben getrennt anbraten. Mit Salz, Pfeffer und Chili würzen.
- Suppe in vier Schalen oder Gläser füllen und mit Chiliflocken und Minze bestreuen. Garnelen und Tempeh zur Suppe servieren.

▶ Nährwerte pro Portion:

Vegetarisch	370 kcal, 20 g E, 25 g F, 20 g KH
Fleisch	390 kcal, 25 g E, 25 g F, 20 g KH

Tipp

Die Suppe schmeckt erfrischend an warmen Tagen und ist als Vorspeise für ein sommerliches Menü klasse geeignet.

Suppen

Zitronen-Kokos-Suppe und Banane mit Tofu und Hähnchen

Feurig-frisch mit einer süßen Note

▶ Für 4 Personen
gelingt leicht 20 Min.
1 kleine Stange Lauch · 250 g Champignons · 1 Karotte · 1 Chilischote · 1 Limette · 1 Stange Zitronengras · 2 EL Kokosöl · 600 ml Gemüsebrühe · 400 ml Kokosmilch · 200 g Tofu, natur · 200 g Hähnchenbrustfilet · Meersalz · Pfeffer (frisch gemahlen) · 2 Bananen · 50 g Cashewkerne · 4 Zweige frischer Koriander

- Lauch und Champignons putzen. Lauch gründlich waschen und in Ringe schneiden. Champignons in Scheiben schneiden. Karotte schälen, waschen und in Scheiben schneiden. Chilischote längs aufschneiden, Kerngehäuse entfernen und fein hacken. Limette waschen, Schale abreiben und Fruchtsaft auspressen. Zitronengras längs einritzen.
- 1 EL Kokosöl in einem Topf erhitzen und Gemüse darin andünsten. Mit Limettensaft, Gemüsebrühe und Kokosmilch auffüllen und etwa 10 Min. köcheln lassen.
- Währenddessen Tofu und Hähnchen getrennt in Würfel schneiden. 1 EL Öl in einer Pfanne erhitzen. Erst den Tofu anbraten, aus der Pfanne nehmen und dann die Hähnchenwürfel in derselben Pfanne anbraten. Jeweils mit Salz und Pfeffer würzen.
- Bananen schälen und in Scheiben schneiden und zu der Suppe geben. Kerne in einer Pfanne trocken anrösten.
- In zwei Teller die Hähnchenbrustwürfel und in zwei andere Teller die Tofuwürfel geben. Mit der Suppe auffüllen und mit Koriander und Kernen servieren.

▶ Nährwerte pro Portion:

Vegan	390 kcal, 25 g E, 20 g F, 25 g KH
Fleisch	365 kcal, 30 g E, 15 g F, 20 g KH

Kartoffelcremesuppe mit Oliven-Zwiebel-Topping mit Räuchertofu-Streifen und Speckstreifen

Schön cremig und pikant zugleich

▶ Für 4 Personen
gelingt leicht 30 Min.
500 g Kartoffeln · 2 Stangen Frühlingszwiebeln · 2 EL Olivenöl · 800 ml Gemüsebrühe · 200 ml Sahne · Meersalz · Pfeffer (frisch gemahlen) · Muskat, frisch gerieben · 2 rote Zwiebeln · 12 grüne Oliven, entsteint · 100 g Räuchertofu · 90 g Bacon

- Kartoffeln schälen und in kleine Stücke schneiden, Lauchzwiebeln waschen, putzen und in Ringe schneiden. Beides zusammen in 1 EL heißem Olivenöl andünsten und mit der Brühe ablöschen. Bei mittlerer Hitze die Kartoffeln ca. 20 Min. weich kochen und mit einem Stabmixer pürieren. Die Sahne hinzugeben und mit den Gewürzen abschmecken.
- Zwiebeln abziehen und in Ringe schneiden. Oliven klein schneiden. Räuchertofu und Bacon getrennt in dünne Streifen schneiden. In zwei kleinen Pfannen je 1 TL Olivenöl erhitzen und jeweils die Hälfte der Zwiebeln und der Oliven andünsten. Tofu in die eine Pfanne und Bacon in die andere Pfanne geben und beides weitere 5 Min. andünsten.
- Suppe in vier Suppenschüsseln verteilen und mit dem Topping servieren.

▶ Nährwerte pro Portion:

Vegetarisch	425 kcal, 15 g E, 30 g F, 30 g KH
Fleisch	435 kcal, 15 g E, 30 g F, 25 g KH

Tipp

Ein kräftiges Bauernbrot passt zu der Suppe sehr gut. Statt Sahne können Sie auch Sojasahne verwenden, dann ist die vegetarische Variante auch für Veganer geeignet.

Süßkartoffel-Kürbis-Suppe mit Ingwer mit Quinoa-Kokos-Bällchen und Kokos-Putenwürfeln

Eine exotische Variante mit Kürbis

- Quinoa in Salzwasser ca. 20 Min. weich garen und anschließend abkühlen lassen.
- Zwiebel abziehen und in kleine Würfel schneiden. Den Kürbis waschen, Strunk und Blütenansatz entfernen, halbieren, mit einem Löffel das Kerngehäuse herausschaben und in Stücke schneiden. Die Süßkartoffel schälen und ebenfalls in kleine Stücke schneiden. Ingwer schälen und klein schneiden. Alles mit der Hälfte an Zwiebeln in einen Topf geben und kurz in 1 EL Öl andünsten und mit Gemüsebrühe auffüllen. Das Gemüse in der Brühe bei mittlerer Hitze ca. 15 Min. weich garen.
- Für die vegetarische Variante das Quinoa mit dem Ei und der restlichen Zwiebel, 2 EL Kokosflocken und Semmelbrösel vermischen. Mit Salz, Pfeffer und der Würzmischung würzen. Aus der Masse 8 kastaniengroße Bällchen formen.
- Für die Fleischvariante das Putenbrustfilet abspülen, trocken tupfen und in Würfel schneiden.
- Die Suppe mit der Sahne auffüllen und mit einem Stabmixer fein pürieren. Falls die Suppe zu dick ist, noch etwas Wasser zugeben. Anschließend mit den Gewürzen abschmecken.
- Je 1 EL Öl in zwei Pfannen erhitzen und in der einen die Quinoabällchen und in der anderen die Putenwürfel anbraten. Die Putenwürfel mit Salz, Pfeffer und der Würzmischung würzen und kurz vor dem Ende der Garzeit die restlichen Kokosflocken zugeben und goldgelb anrösten. Quinoabällchen und Putenwürfel in der Suppe servieren.

▶ Für 4 Personen

braucht etwas mehr Zeit 40 Min.

50 g Quinoa
Meersalz
1 Zwiebel
1 kleiner Hokkaidokürbis
1 große Süßkartoffel
1 Knolle Ingwer
3 EL Kokosöl
800 ml Gemüsebrühe
1 Bio-Ei
4 EL Kokosflocken
3 EL Semmelbrösel
Pfeffer (frisch gemahlen)
Exotische Würzmischung (Seite 27)
200 g Putenbrustfilet
200 ml Sahne

▶ Nährwerte pro Portion:

Vegetarisch	600 kcal, 10 g E, 40 g F, 50 g KH
Fleisch	485 kcal, 30 g E, 30 g F, 25 g KH

Tipp

Getreidebällchen auf einem Spieß serviert geben dem Gericht eine moderne Nuance.

Kürbis-Apfel-Suppe mit Oliven-Polenta-schnittchen und Leberstücken

Fruchtige Note durch den Apfel

- Den Kürbis waschen, Strunk und Blütenansatz entfernen, halbieren, mit einem Löffel das Kerngehäuse herausschaben und in Stücke schneiden. Äpfel waschen, entkernen und in Stücke schneiden. Die Zwiebel und den Knoblauch abziehen und klein schneiden. Alles in einen Topf geben, mit Gemüsebrühe auffüllen. Den Kürbis bei mittlerer Hitze ca. 15 Min. weich garen.
- Währenddessen Rosmarin mit Polenta und Chiliflocken mischen. Salzwasser zum Kochen bringen und Polenta mit dem Schneebesen einrühren und aufkochen. Bei kleiner Hitze ca. 10 Min. zugedeckt quellen lassen. Oliven klein schneiden und unter die Polenta heben. Polenta noch warm auf ein Brett streichen und die erkaltete Masse in ca. 2 x 2 cm große Rauten schneiden.
- Die Suppe mit der Sahne auffüllen und mit einem Stabmixer fein pürieren. Falls die Suppe zu dick ist, noch etwas Wasser zugeben. Anschließend mit den Gewürzen abschmecken.
- 1 EL Öl in einer Pfanne erhitzen und Polenta-Rauten darin leicht anbraten.
- Leber waschen, trocken tupfen und in Stücke schneiden. 1 EL Öl in einer Pfanne erhitzen und Leberstücke darin ca. 3 Min. anbraten. Mit Salz und Pfeffer würzen.
- Suppe in vier Teller verteilen. Zu zwei Tellern die Polentaschnittchen noch warm servieren. Zu den anderen die Leberstücke reichen. Die Kürbiskerne in einer Pfanne kurz anrösten und die Suppe vor dem Servieren damit bestreuen.

▶ Für 4 Personen
gelingt leicht ⏲ **35 Min.**

- 1 kleiner Hokkaidokürbis
- 2 Äpfel
- 1 Zwiebel
- 1 Knoblauchzehe
- 800 ml Gemüsebrühe
- ½ TL Rosmarin, getrocknet
- 50 g Polenta (Maisgrieß)
- 1 Prise Chiliflocken
- Meersalz
- 150 ml Wasser
- 5 Oliven, grün, entsteint
- 200 ml Sahne
- 2 EL Olivenöl
- Pfeffer (frisch gemahlen)
- 2 Scheiben Kalbs- oder Geflügelleber (à 60 g)
- 50 g Kürbiskerne

▶ Nährwerte pro Portion:

Vegetarisch	460 kcal, 10 g E, 35 g F, 25 g KH
Fleisch	475 kcal, 20 g E, 35 g F, 25 g KH

Tipp

Die Polenta kann auch mit Ausstechformen ausgestochen werden. Das sieht für Kinder gleich viel witziger aus. Statt Sahne können Sie auch Sojasahne verwenden, dann ist die vegetarische Variante auch für Veganer geeignet.

Linsen-Kokos-Suppe mit Auberginen- und Hähnchen-Spießen

Eine tolle Suppe für liebe Freunde

▶ Für 4 Personen

braucht etwas mehr Zeit 40 Min.

8 Holzspieße
2 Hähnchenbrustfilets (à 150 g)
1 kleine Aubergine
4 EL Sojasoße
5 EL Sesamöl
2 TL Currypulver
Pfeffer (frisch gemahlen)
2 Zwiebeln
1 Knolle Ingwer
1 großer Apfel
160 g rote Linsen
800 ml Gemüsebrühe
300 ml Kokosmilch
Cayennepfeffer
2 TL Zitronensaft
Meersalz

- Holzspieße in Wasser legen. Hähnchenbrustfilets waschen, trocken tupfen und längs in lange Streifen schneiden. Aubergine waschen, putzen und in ca. 2 x 2 cm große Würfel schneiden. Beides getrennt in zwei Schüsseln geben. Sojasoße, 4 EL Sesamöl, Curry und Pfeffer vermischen. Jeweils die Hälfte der Marinade über die Fleischstreifen und die Auberginenwürfel geben, vermengen und ca. 20 Min. marinieren.
- Zwiebeln, Ingwer und Apfel putzen, abziehen bzw. schälen und in kleine Stücke schneiden. In einem Topf das restliche Öl erhitzen. Zwiebeln, Ingwer und den Apfel kurz andünsten. Linsen dazugeben, mit der Brühe auffüllen und ca. 15 Min. zugedeckt bei mittlerer Hitze köcheln lassen. Suppe mit der Kokosmilch pürieren. Mit Cayennepfeffer, Zitronensaft, Curry, Salz und Pfeffer abschmecken.
- Fleischstreifen (wellenförmig) und Auberginenwürfel auf je vier Spieße stecken. Zwei Pfannen erhitzen, die Spieße darin jeweils 10 Min. goldgelb anbraten, mit Salz würzen und zu der Suppe servieren.

▶ Nährwerte pro Portion:

Vegan	345 kcal, 15 g E, 20 g F, 30 g KH
Fleisch	470 kcal, 50 g E, 20 g F, 30 g KH

Tipp

Noch exotischer schmeckt die Suppe mit Mango statt Apfel. Wichtig: Das Fleisch und die Auberginen lösen sich besser von den Holzspießen, wenn diese vorher ins Wasser gelegt werden.

Schmelzende Käse-Lauch-Suppe mit Balsamico-Kräuter-Confit mit Belugalinsen und würzigem Rinderhack

Bodenständig und raffiniert

- Linsen mit der doppelten Menge Wasser etwa 20 Min. weich garen.
- Lauch waschen, putzen und in feine Ringe schneiden. Das Lauchgrün beiseite stellen. Pastinaken putzen, schälen und in Stücke schneiden.
- 1 EL Öl in einem Topf erhitzen und den weißen Teil des Lauchs und die Pastinaken anbraten. Gemüsebrühe angießen und 15 Min. köcheln lassen. Sahne und Schmelzkäse zugeben und mit einem Stabmixer pürieren.
- Für die Einlage die Zwiebel abziehen und fein würfeln. In zwei Pfannen je 1 EL Öl erhitzen und je zwei Hälften Zwiebeln anbraten. Für die vegetarische Variante die Linsen zugeben und mit anbraten. Für die Fleischvariante das Hackfleisch in die andere Pfanne geben und anbraten. Petersilie waschen, trocken schütteln und hacken. Jeweils eine Hälfte der Petersilie und des restlichen Lauchs in die beiden Pfannen geben und unterheben. Mit je 1 EL Aceto balsamico, Salz und Pfeffer abschmecken.
- Suppe mit Salz, Pfeffer und Muskat würzen. Zwei Teller Suppe mit Linsen und zwei Teller mit Hackfleisch servieren.

▶ Nährwerte pro Portion:

Vegetarisch	515 kcal, 20 g E, 35 g F, 30 g KH
Fleisch	575 kcal, 25 g E, 45 g F, 15 g KH

▶ Für 4 Personen

gelingt leicht ⏲ 20 Min.

60 g Belugalinsen
1 große Stange Lauch
2 Pastinaken
3 EL Rapsöl
800 ml Gemüsebrühe
200 ml Sahne
200 g Schmelzkäse
1 Zwiebel
150 g Rinderhackfleisch
1 Bund Petersilie
2 EL Aceto balsamico
Meersalz, Pfeffer (frisch gemahlen)
Muskatnuss, frisch gerieben

Tipp

Belugalinsen besitzen ein feines Aroma und sehen durch die schwarze Farbe optisch toll aus. Die kleinen Linsen haben eine Kochzeit von ca. 20–25 Min. Dabei zerfallen sie nicht so schnell und sind deshalb besonders gut für Salate, als Einlage für Suppen oder als Beilage geeignet.

Mediterrane Tomatensuppe mit Hirsebällchen und Hackbällchen

Die Lieblingssuppe der Kids

▶ Für 4 Personen

braucht etwas mehr Zeit 40 Min.

- 50 g Hirse
- Meersalz
- 2 Zwiebeln
- 2 Knoblauchzehen
- 2 Karotten
- 2 Dosen Tomaten (je 500 g)
- 3 EL Olivenöl
- 2 EL Tomatenmark
- 1 Prise Zucker
- 150 g Rinderhackfleisch
- 2 Bio-Eier
- 6 EL Semmelbrösel
- 4 Zweige Blattpetersilie
- 2 TL Senf
- Pfeffer (frisch gemahlen)
- ½ TL Kräuter de Provence
- 200 ml Sahne
- 90 g Schafskäse

- Hirse in Salzwasser ca. 20 Min. weich garen und anschließend abkühlen lassen.
- Zwiebeln und Knoblauch abziehen und fein würfeln. Die Hälfte beiseite stellen. Karotten putzen, schälen und würfeln. Tomatendose öffnen.
- 1 EL Öl in einem Topf erhitzen, die Hälfte der Zwiebeln und des Knoblauchs darin andünsten. Karotten zugeben und kurz mit andünsten. Tomaten und Tomatenmark zugeben und weiter dünsten. Mit Salz und etwas Zucker würzen und bei mittlerer Hitze ca. 20 Min. garen.
- Für die vegetarische Variante die Hirse mit 1 Ei und einer Hälfte der restlichen Zwiebeln, Knoblauch und Semmelbrösel vermischen. Petersilie waschen, trocken schütteln und fein hacken. Mit 1 TL Senf, Salz, Pfeffer, der Hälfte der Petersilie und ¼ TL Kräutern würzen.
- Das Rinderhackfleisch ebenfalls wie die Hirse mit den restlichen Zutaten vermischen und würzen.
- Aus den beiden Massen jeweils 8 kastaniengroße Bällchen formen und getrennt in zwei Pfannen mit je 1 EL erhitztem Öl goldgelb anbraten.
- Zu der Suppe die Sahne geben und mit einem Stabmixer fein pürieren. Mit den Gewürzen abschmecken. Schafskäse in Würfel schneiden und mit der Suppe servieren. Bällchen zu der Suppe reichen.

▶ Nährwerte pro Portion:

Vegetarisch	525 kcal, 15 g E, 35 g F, 40 g KH
Fleisch	595 kcal, 30 g E, 40 g F, 25 g KH

Tipp

Diese Suppe macht richtig gut satt und wirkt optisch mit den Bällchen sehr ansprechend. Serviervorschlag: Auch zum Mitnehmen ist die Suppe gut geeignet. Die Bällchen sollten aber separat verpackt und dann getrennt erhitzt werden, sonst weichen sie auf. Die Bällchen können zum Servieren auch auf Spieße gesteckt werden.

Rote-Bete-Apfel-Suppe mit Parmesantalern und Schweinebraten

Ein Genuss – auch für die Augen

▶ Für 4 Personen

braucht etwas mehr Zeit ⏲ 40 Min.

500 g Rote Bete · 2 Schalotten · 4 Äpfel · 2 EL Olivenöl · 800 ml Gemüsebrühe · 100 ml Apfelsaft · 60 g Parmesan · ¼ TL Rosmarin, getrocknet · 200 ml Sahne · 6 Scheiben Schweinebratenaufschnitt (à 20 g) · Meersalz · Pfeffer (frisch gemahlen)

- Rote Bete mit Handschuhen schälen und in Würfel schneiden. Die Schalotte abziehen und fein hacken. 2 Äpfel waschen, entkernen und in Stücke schneiden.
- 1 EL Öl in einem Topf erhitzen und die Schalottenwürfel darin bei mittlerer Hitze glasig dünsten. Rote Bete und Äpfel dazugeben und 2 Min. mit andünsten. Die Brühe und den Apfelsaft dazugeben. Bei mittlerer Hitze ca. 20–30 Min. kochen lassen bis die Rote Bete weich ist.
- Währenddessen Parmesan fein reiben, mit dem Rosmarin vermischen und 6 kleine Häufchen auf ein mit Backpapier ausgelegtes Backblech geben. Bei 180 Grad (Umluft 160 Grad) etwa 10 Min. backen, bis die zerlaufenen Käsehäufchen goldgelb sind. Danach aus dem Ofen nehmen und abkühlen lassen.
- Die restlichen Äpfel waschen, entkernen und in Scheiben schneiden. 1 EL Öl in einer Pfanne erhitzen und Apfelscheiben darin andünsten.
- Die Sahne in die Suppe geben und mit einem Stabmixer fein pürieren. Suppe mit den Gewürzen abschmecken. Suppe in vier Teller gießen und Apfelscheiben hineingeben. Zwei mit den Parmesantalern und zwei mit den Schweinebratenscheiben reichen.

▶ Nährwerte pro Portion:

Vegetarisch	440 kcal, 15 g E, 25 g F, 35 g KH
Fleisch	400 kcal, 20 g E, 25 g F, 35 g KH

Kalte gelbe Paprikasuppe mit Kräuterseitlingen und Forellenfilets

Etwas Besonderes

▶ Für 4 Personen

gelingt leicht ⏲ 20 Min.

3–4 Paprikaschoten gelb · 2 kleine Zwiebeln · 1 Bund Basilikum · 500 g Naturjoghurt, 3,5 % Fett · Meersalz · Pfeffer (frisch gemahlen) · ½ TL Paprikapulver · Chiliflocken · 2 Stück Kräuterseitlinge (à 100 g) · 1 EL Olivenöl · 2 Forellenfilets, geräuchert (à 100 g) · 4 TL Naturjoghurt, 3,5 % Fett

- Paprika waschen, putzen und in Würfel schneiden. Mit einem Stabmixer und ca. 100 ml Wasser pürieren, bis keine groben Stücke mehr sichtbar sind. Suppe ggf. durch ein Sieb geben.
- Die Zwiebeln abziehen und sehr fein würfeln. Basilikum waschen, trocken schütteln, 8 Blätter für die Garnitur beiseite legen. Basilikum fein hacken und zusammen mit Joghurt in die Suppe geben und alles gut verrühren. Suppe mit Salz, Pfeffer, Paprika und Chili abschmecken.
- Kräuterseitlinge putzen und in Scheiben schneiden. ÖL in einer Pfanne erhitzen und Pilze darin 5 Min. anbraten. Forellenfilets in je 2–4 Stücke schneiden.
- Suppe in vier Teller füllen. In zwei Teller Forellenfilet und in zwei die Pilze geben. Mit Joghurt und Basilikum garnieren.

▶ Nährwerte pro Portion:

Vegetarisch	190 kcal, 10 g E, 10 g F, 15 g KH
Fleisch	240 kcal, 30 g E, 10 g F, 10 g KH

Tipp

Statt Joghurt können Sie auch Sojajoghurt verwendet werden, dann ist die vegetarische Variante auch für Veganer geeignet.

Bauernbrotsalat mit Oliven mit Kräutertofu und Rotbarbenfilets

Sommer von seiner schönsten Seite

▶ Für 4 Personen

gelingt leicht ⏲ 25 Min.

200 g Bauernbrot · 7 EL Olivenöl · 1 kleine Zwiebel · 1 rote Paprikaschote · 1 gelbe Paprikaschote · 6 Tomaten · 150 g Rucola · 1 Bund Basilikum · 2 EL Weißweinessig · 1 EL Senf · 1 TL Agavendicksaft oder Apfeldicksaft · Meersalz · Pfeffer (frisch gemahlen) · 100 g Kalamata-Oliven · 2 EL Mehl · ¼ TL Thymian, getrocknet · 200 g Kräutertofu · 250 g Rotbarbenfilets

- Bauernbrot in Würfel schneiden und mit 1 EL Öl in einer Pfanne anrösten.
- Zwiebel abziehen und in Streifen schneiden. Paprika und Tomaten waschen, putzen und in Würfel schneiden. Rucola und Basilikum waschen, trocken schütteln. Rucola hacken und Basilikumblätter abzupfen. Essig, Senf, Agavendicksaft mit 4 EL Öl vermischen und mit Salz und Pfeffer würzen.
- Brot, Gemüse, Kräuter, Oliven und die Soße miteinander vermengen und ziehen lassen.
- Mehl mit Salz, Pfeffer und Thymian würzen. Tofu in Scheiben schneiden und im Mehl wenden. 1 EL Öl in einer Pfanne erhitzen und Tofu anbraten. Anschließend die Fischfilets im Mehl wenden und ebenfalls mit 1 EL Öl anbraten.
- Tofu und Fisch jeweils mit zwei Portionen Salat servieren.

▶ Nährwerte pro Portion:

Vegan	490 kcal, 25 g E, 20 g F, 40 g KH
Fleisch	490 kcal, 30 g E, 25 g F, 35 g KH

Tipp

Für Veganer stellt der Agavendicksaft eine gute rein pflanzliche Alternative zum Honig dar. Agavendicksaft bekommen Sie im Supermarkt, Reformhaus oder Bioladen.

Salate

Hirse-Kräuter-Salat mit Granatapfel und Minzsoße mit Kichererbsenbällchen und Lammhackbällchen

Ein Salat aus 1001 Nacht!

▶ Für 4 Personen

braucht etwas mehr Zeit ⏱ 40 Min.

150g Hirse
1 Bund Blattpetersilie
1 Bund Rucola
1 Granatapfel
2 EL Walnussöl
2 EL Limettensaft
1 EL Agavendicksaft
Meersalz, Pfeffer (frisch gemahlen)
1 Zwiebel
2 Zehen Knoblauch
Je ½ TL Koriander und Kreuzkümmelsamen
1 kleines Glas Kichererbsen (200 g)
2 Bio-Eier
6 EL Semmelbrösel
200 g Lammhackfleisch (alternativ Rinderhackfleisch)
2 EL Olivenöl
200 g Naturjoghurt, 3,5 % Fett
1 TL getrocknete Minze

- Hirse mit der doppelten Menge Wasser etwa 20 Min. bissfest garen und auskühlen lassen. Blattpetersilie und Rucola waschen, trocken schütteln und fein hacken. Die Hälfte der Petersilie beiseite stellen. Granatapfel halbieren, über einer Schüssel auseinanderbrechen und die Kerne aus der Frucht auslösen.
- Öl mit Limettensaft, Agavendicksaft und Granatapfelkernen vermischen. Mit Salz und Pfeffer würzen. Hirse mit einer Gabel auflockern, Kräuter und Dressing unterheben. Ziehen lassen.
- Zwiebel und Knoblauch abziehen und fein hacken. Koriander und Kreuzkümmelsamen in einem Mörser mahlen.
- Für die vegetarische Variante das Glas mit den Kichererbsen öffnen, Wasser abgießen und Erbsen in ein Gefäß geben. Mit einem Stabmixer pürieren. Mit einem Ei, der Hälfte der Zwiebeln, Knoblauch, Petersilie und Semmelbröseln vermischen. Mit Salz, Pfeffer, Koriander und Kardamom würzen.
- Das Lammhackfleisch ebenfalls wie die Kichererbsenmasse mit den restlichen Zwiebeln, Knoblauch, Petersilie und den Semmelbröseln vermischen und würzen.
- Aus den beiden Massen jeweils 8 kastaniengroße Bällchen formen und getrennt in zwei Pfannen mit je 1 EL erhitztem Öl goldgelb anbraten.
- Joghurt mit der Minze vermischen und mit Salz und Pfeffer würzen. Bällchen zu dem Salat mit der Joghurtsoße servieren.

▶ Nährwerte pro Portion:

Vegetarisch	515 kcal, 20 g E, 20 g F, 65 g KH
Fleisch	510 kcal, 30 g E, 20 g F, 50 g KH

Knackiger Tomaten-Gurken-Salat mit Kohlrabischnitzel und Fischstäbchen

Klassisch lecker: knusprig paniertes Schnitzel und Salat

- Kohlrabi putzen, schälen und in 1 cm dicke Scheiben schneiden. Kohlrabi in kochendem Salzwasser 5–6 Min. knackig garen, herausnehmen und abtropfen lassen.
- Strunk von den Tomaten entfernen, waschen und in Würfel schneiden. Gurke waschen, Blütenansatz und Stiel entfernen und in Würfel schneiden. Zwiebel abziehen und in Würfel schneiden. Basilikum waschen, trocken schütteln und klein schneiden. Gemüse mit Basilikum vermengen. Öl, Essig, Zucker, Salz und Pfeffer vermischen und unter den Salat mengen.
- Eier in einem tiefen Teller verquirlen. Brösel und Mehl getrennt in zwei tiefe Teller geben. Das Mehl mit je einer Prise Salz, Pfeffer und Rosmarin würzen. Kohlrabi erst im Mehl wenden, dann in die Eiermischung geben und anschließend in den Bröseln wenden. Fisch waschen, trocken tupfen, in Stücke schneiden und wie den Kohlrabi panieren.
- Sonnenblumenöl in einer Pfanne erhitzen. Zuerst den Kohlrabi bei mittlerer Hitze 4–5 Min. von beiden Seiten goldbraun braten, herausnehmen und auf Küchenpapier abtropfen lassen. Dann die Fischstücke ebenfalls 5–8 Min. anbraten und abtropfen lassen.
- Joghurt mit Salz, Pfeffer und Zitronensaft abschmecken. Salat auf vier Teller verteilen. Auf je zwei Teller den Kohlrabi und die Fischstücke geben und mit der Joghurtsoße servieren.

▶ Nährwerte pro Portion:

Vegetarisch	410 kcal, 10 g E, 25 g F, 40 g KH
Fleisch	510 kcal, 35 g E, 25 g F, 35 g KH

▶ Für 4 Personen

gelingt leicht ⏲ 30 Min.

1 großer Kohlrabi
6 große Tomaten
1 Salatgurke
1 Zwiebel
Meersalz
Pfeffer (frisch gemahlen)
1 Bund Basilikum
2 EL Olivenöl
2 EL Aceto balsamico bianco
1 Prise Rohrzucker
2 Bio-Eier
70 g Semmelbrösel
60 g Mehl
½ TL Rosmarin, getrocknet
250 g Seelachsfilet
50 ml Sonnenblumenöl
200 g Naturjoghurt, 3,5 % Fett
1 EL Zitronensaft

Tipp

Statt Kohlrabi können auch Steckrübe oder Sellerie verwendet werden.

Salat „Orange“ aus Mango, Kürbis und Karotten mit gebratenem Arame-Tofu und Garnelen

Farbliche Vitaminbombe!

▶ Für 4 Personen

gelingt leicht ⏲ 30 Min.

- 1 Mango
- ½ oder 1 kleiner Hokkaidokürbis
- 2 Karotten
- 1 kleines Stück Ingwer
- Saft einer Bio-Orange
- 6 EL Olivenöl
- 2 TL Senf
- 1 Prise Currypulver
- Meersalz
- Pfeffer (frisch gemahlen)
- 1 Packung Arame-Tofu
- 2 EL Sojasoße
- 200 g Garnelen, geschält, ohne Kopf
- 30 g Pinienkerne
- 4 Zweige Blattpetersilie

- Mango schälen, Fruchtfleisch vom Stein lösen und in Streifen schneiden. Kürbis waschen, Strunk und Blütenansatz entfernen, halbieren, Kerngehäuse mit einem Löffel heraus schaben, in Stücke schneiden und grob raspeln. Karotten schälen, waschen und grob raspeln. Ingwer schälen und fein reiben. Petersilie waschen, trocken schütteln und fein hacken.
- Orangensaft mit 4 EL Öl, Ingwer und Senf vermischen und mit den Gewürzen abschmecken. Gemüse mit der Mango vermischen und Dressing unterheben.
- Für die vegetarische Variante den Tofu in Würfel schneiden und in einer Pfanne mit 1 EL heißem Öl anbraten und mit 1 EL Sojasoße ablöschen. Mit Salz und Pfeffer abschmecken und beiseite stellen.
- Für die Fleischvariante die Garnelen kurz in der gleichen Pfanne mit 1 EL Öl anbraten, mit 1 EL Sojasoße ablöschen und mit Salz und Pfeffer würzen.
- Pinienkerne in einer Pfanne ohne Fett anrösten. Petersilie waschen, trocken schütteln und fein hacken. Auf vier Schalen verteilen, Garnelen und Tofu auf je zwei Schalen geben. Salat mit den Pinienkernen und Petersilie bestreut servieren.

▶ Nährwerte pro Portion:

Vegetarisch	390 kcal, 20 g E, 25 g F, 20 g KH
Fleisch	360 kcal, 25 g E, 20 g F, 20 g KH

Tipp

Statt Pinienkernen schmecken auch gehobelte Mandeln sehr gut dazu. Arame-Tofu enthält als Zutaten anteilig Arame-Algen. Dadurch wird diese Tofu-Variante jodreich.

Kohlrabi-Karotten-Avocado-Salat mit mariniertem Tofu und Hähnchenbrustfilets

Eine scharf-säuerliche Note

▶ Für 4 Personen

braucht etwas mehr Zeit ⏲ 45 Min.

- 1 kleine Knolle Ingwer
- 1 Zehe Knoblauch
- 1 Chilischote
- 5 EL Buttermilch oder Naturjoghurt, 3,5 % Fett
- 1 TL Senf
- ½ TL Currypulver
- 4 EL Limettensaft
- 2 Hähnchenbrustfilets (à 100 g)
- 200 g Tofu, natur
- 1 Kohlrabi
- 3 Karotten
- 2 Avocados
- 4 EL Olivenöl
- 50 ml Apfelsaft
- 1 EL Honig
- Meersalz
- Pfeffer (frisch gemahlen)
- ½ TL Currypulver

- Ingwer und Knoblauch schälen und fein hacken. Chilischote waschen, längs aufschneiden, Kerne entfernen und in Streifen schneiden. Buttermilch, Senf, Curry und 2 EL Limettensaft miteinander vermischen. Ingwer, Knoblauch und Chili dazugeben. Hähnchenbrustfilet abspülen und trocken tupfen. Tofu in Scheiben schneiden. Beides getrennt in je eine Hälfte der Marinade geben und ca. 30 Min. marinieren.
- Für den Salat Kohlrabi und Karotten putzen, schälen, waschen und grob raspeln. Avocados halbieren, die Kerne herauslösen und das Fruchtfleisch mit einem Esslöffel aus der Schale löffeln. Avocadofleisch in Würfel schneiden. 2 EL Öl, Apfelsaft und Honig vermischen und mit Salz, Pfeffer und Curry würzen. Gemüse mit dem Dressing vermischen und mit Salz abschmecken.
- In einer Pfanne 1 EL Öl erhitzen und für die vegetarische Variante den Tofu etwa 5 Min. anbraten. Mit Salz würzen. Aus der Pfanne nehmen und warm stellen.
- Anschließend in der gleichen Pfanne für die Fleischvariante die Hähnchenbrustfilets mit einem weiteren EL Öl von beiden Seiten etwa 5–10 Min. durchbraten. Mit Salz würzen.
- Salat auf vier Teller verteilen und zwei Teller mit Tofu und zwei mit Hähnchen servieren.

▶ Nährwerte pro Portion:

Vegetarisch	410 kcal, 20 g E, 30 g F, 20 g KH
Fleisch	390 kcal, 30 g E, 25 g F, 20 g KH

Tipp

Durch die Milchsäurebakterien in der Buttermilch wird das Fleisch schön zart und der Tofu wird schmackhaft mariniert.

Orientalischer Linsensalat
mit Tranchen vom Seitan und Lammlachs

Der ganze Orient in einem Salat

- Linsen in der doppelten Menge Wasser etwa 20–30 Min. kochen lassen, abkühlen.
- Zucchini, Paprika und Zwiebel waschen, putzen bzw. abziehen und in kleine Würfel schneiden. 1 EL Öl in einer Pfanne erhitzen und Gemüse mit Kernen 5–7 Min. anbraten. Datteln in Stücke schneiden. Kreuzkümmel, Kardamomsamen, Koriandersaat frisch mörsern.
- Limettensaft mit 2 EL Öl, Honig und den Gewürzen mischen und unter die Linsen heben. Datteln, Zucchini, Paprika, Zwiebeln und Kerne unter die Linsen heben. Mit Salz und Pfeffer abschmecken.
- Den Lammlachs mit Salz und Pfeffer würzen, in 1 EL heißem Öl von jeder Seite 5 Min. braten. Thymian waschen, trocken schütteln und Blätter abzupfen. Lamm mit der Hälfte Thymian würzen. Fleisch in Alufolie wickeln und 10 Min. ruhen lassen.
- Für die vegetarische Variante Seitan in Tranchen (Scheiben) schneiden. 1 EL Öl in einer Pfanne erhitzen und Seitan darin anbraten. Mit Salz, Pfeffer und dem Rest Thymian würzen.
- Minze waschen, trocken schütteln und fein hacken. Joghurt mit der Minze mischen und mit Salz und Pfeffer würzen. Vor dem Servieren das Fleisch in Tranchen (Scheiben) schneiden. Fleisch und Seitan zum Salat mit der Joghurtsoße servieren.

▶ Nährwerte pro Portion:

Vegetarisch	740 kcal, 50 g E, 25 g F, 75 g KH
Fleisch	770 kcal, 60 g E, 30 g F, 70 g KH

▶ Für 4 Personen

braucht etwas mehr Zeit 40 Min.

200 g Belugalinsen
1 Zucchini
1 rote Paprikaschote
1 Zwiebel
5 EL Olivenöl
50 g Cashewkerne
50 g Datteln, getrocknet
Je ¼ TL Kreuzkümmelsamen, Kardamomsamen, Koriandersaat
4 EL Limettensaft
2 TL Honig
Meersalz
Pfeffer (frisch gemahlen)
1 Lammlachs (250 g)
2 Zweige Thymian
1 Stück Seitan (200 g)
4 Zweige Minze
300 g Naturjoghurt, 3,5 % Fett

Tipp

Statt Honig können Sie auch Apfeldicksaft und statt Joghurt Sojajoghurt verwenden, dann ist die vegetarische Variante auch für Veganer geeignet.

Mediterraner Salat mit Kräuterseitlingen und Feigen mit Ziegenkäsebällchen und Parmaschinken

Besonders: Feigen und Pilze

▶ Für 4 Personen

gelingt leicht ⏲ 20 Min.

- 1 großer Bund Rucola (200 g)
- 400 g Kräuterseitlinge
- 2 kleine Zucchini
- 1 rote Paprikaschote
- 4 frische Feigen
- 5 EL Olivenöl
- 4 EL Weißweinessig
- 2 TL Senf
- 3 TL Honig
- Meersalz
- Pfeffer (frisch gemahlen)
- ½ Bund Blattpetersilie
- 4 Walnüsse
- 200 g Ziegenfrischkäse
- 4–6 Scheiben Parmaschinken

- Rucola waschen, trocken schütteln und klein schneiden. Kräuterseitlinge und Zucchinis putzen, Zucchinis waschen, beides in Würfel schneiden. Paprika waschen, putzen und in Streifen schneiden. Feigen vorsichtig waschen, halbieren und in Scheiben schneiden.
- 1 EL Öl in einer Pfanne erhitzen und Zucchiniwürfel 5 Min. andünsten. Dann die Pilzwürfel zugeben und ebenfalls mit andünsten.
- Restliches Öl mit Essig, Senf und 2 TL Honig vermischen und mit Salz und Pfeffer würzen.
- Petersilie waschen, trocken schütteln und fein hacken. Walnüsse aufbrechen und Nüsse fein hacken. Beides vermengen. Frischkäse mit restlichem Honig vermengen, mit den Händen zu 6 walnussgroßen Kugeln formen und in der Petersilie-Nuss-Mischung wenden.
- Rucola und Paprika auf vier Teller verteilen. Feigen an den Rand der Teller legen. In der Mitte die Zucchini-Pilz-Mischung geben. Mit dem Dressing beträufeln. Zum Abschluss zwei Teller mit den Ziegenfrischkäsebällchen belegen und die anderen zwei mit dem Parmaschinken. Wenn von der Petersilienmischung noch etwas übrig ist, diese über die Teller streuen.

▶ Nährwerte pro Portion:

Vegetarisch	440 kcal, 20 g E, 30 g F, 20 g KH
Fleisch	445 kcal, 25 g E, 30 g F, 20 g KH

Tipp

Dazu passt ein frisch gebackenes Ciabattabrot mit Olivenöl und Fleur de Sel. Der Salat ist für einen Grillabend oder eine sommerliche Gartenparty gut geeignet.

Herbstlicher Feldsalat mit Kürbisspalten und Schafskäse mit Belugalinsen und Hähnchenbruststücken

Lecker in der kalten Jahreszeit

▶ Für 4 Personen

braucht etwas mehr Zeit ⏲ 40 Min.

100 g Belugalinsen (alternativ Berglinsen)
1 kleinen Hokkaidokürbis
1 Zweig Rosmarin
4 EL Olivenöl
Meersalz
Pfeffer (frisch gemahlen)
200 g Feldsalat
1 Packung Schafskäse (150 g)
2 EL Aceto balsamico bianco oder Weißweinessig
3 EL Gemüsebrühe
2 TL Senf
2 TL Honig
50 g Walnusskerne
1 rote Zwiebel
2 TL Zitronensaft
2 Hähnchenbrustfilets (à 150 g)

- Backofen auf 200 Grad (Umluft 180 Grad) vorheizen. Für die vegetarische Variante Linsen mit der 2-fachen Menge Wasser etwa 20–30 Min. weich garen.
- Kürbis waschen, Strunk und Blütenansatz entfernen, halbieren, Kerngehäuse mit einem Löffel herausschaben. Kürbis nochmal vierteln, in Scheiben schneiden und in eine große Auflaufform schichten. Rosmarin waschen, trocken schütteln und Nadeln abzupfen. Rosmarin über den Kürbis streuen. Mit 1 EL Olivenöl beträufeln, mit Salz und Pfeffer würzen. Kürbis für etwa 20 Min. im Ofen backen, gelegentlich umrühren.
- Feldsalat putzen und trocken schütteln. Schafskäse in Würfel schneiden. 2 EL Olivenöl mit Essig, Gemüsebrühe, Senf und Honig vermischen und mit Salz und Pfeffer würzen. Nüsse grob hacken und trocken in einer Pfanne anrösten.
- Wenn die Linsen gar sind, in einem Sieb abgießen. Für die vegetarische Variante die Zwiebel abziehen und in feine Würfel schneiden. ½ EL Öl in dem Linsentopf erhitzen. Zwiebel anbraten und die gegarten Linsen dazugeben und mit Salz, Pfeffer und 1 TL Zitronensaft abschmecken.
- Für die Fleischvariante Hähnchenbrustfilets waschen, trocken tupfen und in Stücke schneiden. Restliches Öl in einer Pfanne erhitzen und Hähnchenstücke anbraten. Mit 1 TL Zitronensaft, Salz und Pfeffer abschmecken.
- Feldsalat auf vier Teller verteilen. Kürbisspalten auf den Salat verteilen. Mit dem Dressing beträufeln. Zum Abschluss zwei Teller mit den Linsen belegen und die anderen zwei mit den Hähnchenstücke belegen. Alle Teller mit dem Schafskäse und Nüssen bestreuen.

▶ Nährwerte pro Portion:

Vegetarisch	480 kcal, 20 g E, 30 g F, 30 g KH
Fleisch	475 kcal, 45 g E, 30 g F, 7 g KH

Sommerlicher Bohnen-Tomaten-Salat mit Pistaziendressing mit Mozzarella und Jakobsmuscheln

Eine nussig-herbe Versuchung

- Bohnen waschen, putzen, dabei den Stiel abschneiden und in Salzwasser ca. 10–15 Min. knackig garen.
- Kopfsalat gründlich waschen, trocken schütteln und auseinanderzupfen. Tomaten waschen, putzen und vierteln. Pistazienkerne aus der Schale lösen und grob hacken. In einer Pfanne trocken anrösten. Thymian waschen, trocken schütteln und Blätter abzupfen.
- 3 EL Öl mit 2 EL Zitronensaft, Brühe, Senf, und Agavendicksaft vermischen. Pistazien und Thymian unterheben. Mit Salz und Pfeffer abschmecken.
- Bohnen mit den Tomaten vermengen und mit Salz und Pfeffer würzen.
- Für die Fleischvariante Jakobsmuscheln waschen und trocken tupfen. Restliches Öl in einer Pfanne erhitzen und Muscheln darin bei mittlerer Hitze auf beiden Seiten 2–3 Min. braten und mit dem restlichen Zitronensaft ablöschen.
- Für die vegetarische Variante den Mozzarella in Scheiben schneiden.
- Kopfsalat, Bohnen und Tomaten auf vier Teller verteilen. Für die vegetarische Variante den Mozzarella auf zwei Teller und auf die anderen zwei Teller die Jakobsmuscheln geben.
- Vinaigrette über den Salat gießen und mit Brot servieren.

▶ Nährwerte pro Portion:

Vegetarisch	460 kcal, 20 g E, 30 g F, 30 g KH
Fleisch	340 kcal, 15 g E, 15 g F, 30 g KH

▶ Für 4 Personen

gelingt leicht ⏲ **15 Min.**

400 g grüne Bohnen
Meersalz
1 kleiner Kopfsalat
6 Tomaten
50 g Pistazien
1 Zweig Zitronenthymian
4 EL Olivenöl
4 EL Zitronensaft
3 EL Gemüsebrühe
1 TL Senf
1 EL Agavendicksaft
Pfeffer (frisch gemahlen)
6 Stück Jakobsmuscheln
1 Kugel Büffelmozzarella (125 g)
4 Scheiben Baguette

Tipp

Statt den Muscheln kann auch ein Fischfilet wie Zander, Lachs oder Kabeljau verwendet werden. Übrigens: Pistazien kommen ursprünglich aus Persien und sind reich an Vitamin E, Vitamin B_1, Kalium sowie Kalzium, Magnesium und Eisen.

Spitzkohlsalat mit Ingwer-Zitronen-Dressing mit Polenta-Parmesan-Schnitten und Schweinefiletmedaillons

Ein aromatischer Krautsalat für den Sommer

- Kohl und Frühlingszwiebeln waschen und putzen. Kohl halbieren, Strunk entfernen und in feine Streifen schneiden. Frühlingszwiebeln in Ringe schneiden. Petersilie waschen, trocken schütteln und fein hacken.
- Ingwer schälen, Knoblauch abziehen und beides fein hacken. Zitrone heiß abspülen, Schale abreiben und Saft auspressen. Ingwer, Knoblauch, Zitronenschale und -saft mit 2 EL Öl, Senf und Agavendicksaft vermischen und mit Kohl, Zwiebeln und Petersilie gut vermengen. Etwa 30 Min. durchziehen lassen.
- Währenddessen Rosmarin mit Polenta und Chiliflocken mischen. Salzwasser zum Kochen bringen und Polenta mit dem Schneebesen einrühren und aufkochen. Bei kleiner Hitze ca. 10 Min. zugedeckt quellen lassen. Parmesan fein reiben und unter die Polenta heben. Polenta noch warm auf ein Brett streichen und die erkaltete Masse in 4–6 Stücke schneiden.
- 1 EL Öl in einer Pfanne erhitzen und Polenta-Schnitten darin leicht anbraten.
- Schweinefilet waschen, trocken tupfen und in 4–6 Scheiben schneiden. 1 EL Öl in einer Pfanne erhitzen und das Schweinefilet darin ca. 5 Min. von beiden Seiten anbraten. Mit Salz, Pfeffer und Rosmarin würzen.
- Salat auf vier Teller verteilen. Zu zwei Tellern die Polenta-Schnitten noch warm servieren. Zu den anderen zwei Tellern die Schweinefiletmedaillons reichen.

▶ Nährwerte pro Portion:

Vegetarisch	280 kcal, 10 g E, 20 g F, 15 g KH
Fleisch	95 kcal, 30 g E, 15 g F, 10 g KH

▶ Für 4 Personen

gelingt leicht ⏲ 35 Min.

1 Kopf Spitzkohl (600 g)
1 Bund Frühlingszwiebeln
1 Bund Blattpetersilie
1 walnussgroße Ingwerknolle
1 Knoblauchzehe
1 Bio-Zitrone
4 EL Olivenöl
1 TL Senf
1 EL Agavendicksaft
Meersalz
Pfeffer (frisch gemahlen)
½ TL Rosmarin, getrocknet
60 g Polenta (Maisgrieß)
1 Prise Chiliflocken
250 ml Wasser
30 g Parmesan
1 Schweinefilet (ca. 250 g)
1 Prise Rosmarin, getrocknet

Gemüsepuffer mit Schafskäsedip mit Algensalat und Lachsscheiben

Ein wunderbarer Gemüsesnack

▶ Für 4 Personen

gelingt leicht ⏲ 20 Min.

1 Zucchini · 2 Karotten · 1 rote Zwiebel · 3 Bio-Eier · 100 g saure Sahne · 3–4 EL Dinkelmehl · Meersalz · Pfeffer (frisch gemahlen) · Currypulver · 2 EL Rapsöl · 50 g Schafskäse · 1 Knoblauchzehe · 150 g Naturjoghurt, 3,5 % Fett · ¼ TL Tomatenmark · 2 Zweige Basilikum · 20 g Kresse oder Alfalfa-Sprossen · 100 g Algensalat (im Supermarkt oder beim Fischhändler erhältlich) · 6 Scheiben geräucherter Lachs

- Zucchini waschen, putzen und grob raspeln. Karotten schälen, waschen und ebenfalls grob raspeln. Zwiebel abziehen und in Streifen schneiden.
- Eier aufschlagen, mit saurer Sahne und Mehl verquirlen. Gemüse unterheben und mit den Gewürzen abschmecken.
- Öl in einer Pfanne erhitzen und mit einer kleinen Kelle etwa 12 Puffer in die Pfanne geben und goldgelb braten.
- Für den Dip Schafskäse in Würfel schneiden, Knoblauch abziehen. Alles mit Joghurt, Tomatenmark und Basilikum mit einem Stabmixer in einem hohen Gefäß pürieren. Mit Salz und Pfeffer abschmecken.
- Kresse waschen und abtropfen lassen.
- Algensalat und Lachs auf je sechs Puffern mit dem Dip und der Kresse servieren.

▶ Nährwerte pro Portion:

Vegetarisch	305 kcal, 15 g E, 20 g F, 20 g KH
Fleisch	400 kcal, 25 g E, 25 g F, 15 g KH

Tipp

Durch den Algensalat wird die vegetarische Speise sehr jodreich. Als kleine Vorspeise oder als Fingerfood bei einem Büffet kommen die Puffer hervorragend an.

Snacks & Vorspeisen

Carpaccio mit Senf-Orangen-Dressing von Roter Bete und Rinderfilet

Eine raffinierte Carpaccio-Variante

▶ Für 4 Personen
gelingt leicht ⏲ **10 Min.**
1/4 TL schwarze Senfsamen · 1/2 Bund Blattpetersilie · 1 Bio-Orange · 2 EL Olivenöl · Meersalz · Pfeffer (frisch gemahlen) · 2 Knollen Rote Bete (vorgegart und vakuumiert) · 60 g Mozzarella · 200 g Rinderfilet (aus der Mitte) · 50 g Haselnüsse · Fleur de Sel

- Senfsamen in einem Mörser zerstoßen. Petersilie waschen, trocken schütteln und fein hacken. Orange heiß abspülen, Schale abreiben und Saft auspressen. Olivenöl mit Orangenschale, -saft, Senfsamen und Petersilie vermischen und mit Pfeffer und Salz würzen.
- Rinderfilet in dünne Scheiben schneiden und zwischen zwei Lagen Frischhaltefolie sehr flach klopfen. Auf zwei Teller verteilen. Rote Bete und Mozzarella in dünne Scheiben schneiden und auf zwei Teller verteilen.
- Haselnüsse hacken und in einer Pfanne trocken anrösten. Soße über die Teller träufeln, mit den Haselnüssen und je 1 Prise Fleur de Sel bestreuen.

▶ Nährwerte pro Portion:

Vegetarisch	270 kcal, 10 g E, 20 g F, 15 g KH
Fleisch	270 kcal, 25 g E, 20 g F, 4 g KH

Tipp
Das Rinderfilet kann auch schon geschnitten vom Metzger gekauft werden. Variante: Statt schwarzen Senfsamen können auch braune oder gelbe Samen verwendet werden.

Knusprige Crissini umhüllt mit gebratenen Auberginenscheiben und Parmaschinken

Toller Hit auf dem Buffet

▶ Für 4 Personen
gelingt leicht ⏲ **10 Min.**
1 Aubergine · 2 Zweige Zitronenthymian · 2 EL Olivenöl · Meersalz · Pfeffer (frisch gemahlen) · 8 Scheiben Parmaschinken · 16 Crissinistangen

- Aubergine waschen, putzen, Enden abschneiden und in acht dünne Scheiben schneiden. Thymian waschen, trocken schütteln und Blätter abzupfen.
- Öl in der Pfanne erhitzen und die Auberginenscheiben anbraten. Mit den Gewürzen würzen. Aus der Pfanne nehmen und auf Küchenpapier abtropfen und auskühlen lassen.
- Acht Stangen mit den Auberginen und acht mit dem Parmaschinken umwickeln, sodass jeweils eine Hälfte umwickelt ist. Stangen getrennt auf zwei Tellern anrichten.

▶ Nährwerte pro Portion:

Vegetarisch	145 kcal, 5 g E, 10 g F, 10 g KH
Fleisch	220 kcal, 20 g E, 15 g F, 10 g KH

Tipp
Servieren Sie die Stangen auf einem Teller oder in einem Glas. Ein cremiger Dip aus Joghurt, Quark oder Schmant passt wunderbar dazu.

Datteln im Mantel mit Räuchertofu und Schinkenspeck

Süß und pikant – das schmeckt!

▶ Für 4 Personen
gelingt leicht ⏱ 15 Min.
16 Datteln · 8 halbe Walnusskerne · 80–100 g Räuchertofu · 8 Scheiben Schinkenspeck

- Backofen auf 180 Grad (Umluft 160 Grad) vorheizen.
- Datteln längs auf einer Seite aufschneiden und entkernen. Walnusskerne halbieren und damit die Datteln füllen. Tofu in acht dünne Scheiben schneiden.
- Datteln mit dem Tofu umwickeln und mit einem Zahnstocher fixieren. Restliche Datteln mit dem Schinkenspeck umwickeln und ebenfalls mit Zahnstochern fixieren. Beide Varianten auf ein mit Backpapier ausgelegtes Backblech legen und im Ofen ca. 5–10 Min. backen.

▶ Nährwerte pro Portion:

Vegan	275 kcal, 10 g E, 20 g F, 20 g KH
Fleisch	275 kcal, 10 g E, 20 g F, 20 g KH

Tipp
Die Datteln sind mit etwas Salat eine tolle Vorspeise oder als Fingerfood klasse Partyhäppchen.

Asiatisch gefüllte Teigröllchen mit pikanten Shitakepilzen und Schweinehackfleisch

Ich liebe Röllchen!

▶ Für 4 Personen
gelingt leicht ⏱ 20 Min.
1 Zwiebel · 1 kleiner Pak Choi (Senfkohl) · 2 Karotten · 1 walnussgroße Knolle Ingwer · 50 g Bambussprossen · 200 g Shiitakepilze · 8 EL Sesamöl · 200 g Schweinehackfleisch · 2 EL Sojasoße · 2 TL Essig · 2 TL Zucker · Meersalz · Pfeffer (frisch gemahlen) · Currypulver · 16 Teigblätter für Frühlingsrollen (Reispapier)

- Zwiebel abziehen und in Streifen schneiden. Pak Choi waschen, putzen und in Streifen schneiden. Karotten schälen und in Streifen schneiden. Ingwer schälen und fein hacken. Bambussprossen unter fließendem Wasser abspülen. Pilze putzen und klein schneiden.
- Je 1 EL Öl in zwei Pfannen erhitzen und jeweils die Hälfte des Gemüses darin anbraten. Pilze in der einen Pfanne mit anbraten. Schweinehackfleisch in der anderen Pfanne mit anbraten. Beides mit je 1 EL Sojasoße ablöschen und mit Essig, Zucker, Salz, Pfeffer und Curry abschmecken.
- Teigblätter je nach Packungsanleitung in etwas Wasser anfeuchten, auslegen und auf acht Blätter je 1 EL der vegetarischen Füllung auf das untere Drittel des Blattes geben. Seiten nach innen einschlagen und Teig aufrollen. Das Gleiche mit der Fleischfüllung machen.
- Restliches Öl in einer Pfanne erhitzen und erst die vegetarischen und dann die tierischen Röllchen goldgelb braten.

▶ Nährwerte pro Portion:

Vegan	320 kcal, 10 g E, 25 g F, 20 g KH
Fleisch	575 kcal, 25 g E, 45 g F, 20 g KH

Törtchen im Yufkateig mit Schafskäse und Schinken

Kleines Törtchen gefällig?

▶ Für 12 Stück

gut vorzubereiten ⏲ 40 Min.

- 12 Yufkablätter (aus dem türkischen Laden, geschnitten in 20 x 10 cm, 120 g)
- 1 EL Olivenöl
- 100 g Cocktailtomaten
- 50 g getrocknete Tomaten, in Öl eingelegt
- 4 Bio-Eier
- 4 EL saure Sahne
- Meersalz
- Pfeffer (frisch gemahlen)
- 1 Bund Basilikum
- 2 Zweige Zitronenthymian
- 60 g Schafskäse
- 60 g gekochter Schinken
- 1 Kopfsalat
- 200 g Naturjoghurt, 3,5 % Fett
- 1 TL Senf
- 1 TL Zitronensaft
- rosa Pfefferbeeren, zerdrückt
- 1 Muffinblech

- Yufkablätter quer zusammenklappen. Muffinformen mit dem Öl einfetten. Yufkablätter in die Förmchen geben und der Form nach leicht andrücken.
- Backofen auf 200 Grad (Umluft 180 Grad) vorheizen.
- Tomaten waschen, putzen und in Würfel schneiden. Getrocknete Tomaten abtropfen lassen und in kleine Streifen schneiden. Eier aufschlagen und mit saurer Sahne verrühren. Tomaten unter die Eiermasse heben. Mit Salz und Pfeffer würzen. Basilikum und Thymian waschen, trocken schütteln, hacken und unter die Eiermasse geben. Masse in die Förmchen gießen.
- Schafskäse und Schinken getrennt würfeln. Käse und Schinken in je sechs Förmchen streuen. Törtchen im vorgeheizten Backofen ca. 25 Min. backen.
- Salat putzen, waschen und trocken schütteln. Joghurt mit Senf, Zitronensaft, Salz, Pfeffer und rosa Pfeffer mischen. Nach der Backzeit die Förmchen aus dem Ofen holen und die Törtchen mit einem Löffel vorsichtig herausheben. Törtchen mit Salat und Dressing servieren.

▶ Nährwerte pro Portion:

Vegetarisch	(1 Törtchen und Salat) 120 kcal, 5 g E, 5 g F, 5 g KH
Fleisch	(1 Törtchen und Salat) 110 kcal, 10 g E, 5 g F, 5 g KH

Tipp

Diese Törtchen lassen sich gut vorbereiten und schmecken auch kalt, also ideal für ein Brunch- oder Fingerfood-Büffet.

Gefüllte Blätterteigtaschen mit Ziegenkäse mit Linsen und Rinderhackfleisch

Lecker gefüllt!

▶ Für 4 Personen

gelingt leicht ⏲ 30 Min.

50 g Berglinsen
4 Platten Blätterteig (tiefgekühlt)
1 Zwiebel
2 Knoblauchzehen
50 g getrocknete Tomaten
150 g Rinderhackfleisch
200 g Ziegenfrischkäse
2 EL Rosinen
Meersalz
Pfeffer (frisch gemahlen)
Kreuzkümmel
1 Bio-Eigelb

- Backofen auf 200 Grad (Umluft 180 Grad) vorheizen. Die Linsen in der doppelten Menge Wasser 20–30 Min. weich garen. Den Blätterteig auftauen lassen. Die Zwiebel und den Knoblauch abziehen und fein hacken. Die getrockneten Tomaten in Würfel schneiden.
- In zwei Pfannen je 1 EL Olivenöl erhitzen. Je eine Hälfte der Zwiebeln und des Knoblauchs glasig dünsten. In die eine Pfanne das Hackfleisch geben und krümelig anbraten. In die andere Pfanne die Linsen geben und kurz andünsten.
- Je die Hälfte des Ziegenfrischkäses, Tomaten und Rosinen in beide Pfannen geben und unterrühren. Beide Füllungen mit Salz, Pfeffer und Kreuzkümmel würzen.
- Beide Füllungen auf je zwei Blätterteigplatten geben, die Platten zusammenklappen und festdrücken. Die Oberfläche mit verquirltem Eigelb bestreichen. Auf die vegetarischen Taschen je eine Rosine legen.
- Taschen auf ein mit Backpapier ausgelegtes Backblech legen und ca. 15–20 Min. im Ofen backen.

▶ Nährwerte pro Portion:

Vegetarisch	395 kcal, 15 g E, 25 g F, 35 g KH
Fleisch	420 kcal, 20 g E, 30 g F, 20 g KH

Tipp

Statt Blätterteig kann auch Yufkateig aus dem türkischen Laden verwendet werden. Der ist nicht so fettreich und wird nur aus Mehl, Wasser und Salz hergestellt.

Gefülltes Fladenbrot mit Seitanstreifen und Schweinesteakstreifen

Döner mal anders!

▶ Für 4 Personen

gelingt leicht 25 Min.

- 200 g Seitan
- 200 g Schweinerückensteak
- je ¼ TL Koriandersamen, Kreuzkümmelsamen, Pfefferkörner
- je ¼ TL Oregano, Thymian, Rosmarin, Majoran (getrocknet)
- 1 TL Paprikapulver
- 1 Prise Zimt
- 2 Knoblauchzehen
- 2 EL Olivenöl
- 2 Rote-Bete-Knollen (vorgegart)
- 4 Tomaten
- 1 Zwiebel
- ½ Bund Blattpetersilie
- 400 g Naturjoghurt, 3,5 % Fett
- Meersalz, Cayennepfeffer
- 1 rundes Fladenbrot

- Seitan und Fleisch in dünne Streifen schneiden und jeweils getrennt in zwei Schüsseln geben.
- Koriander, Kreuzkümmel und Pfefferkörner mit einem Mörser zermahlen. Restliche Gewürze zugeben und vermischen. Knoblauchzehen abziehen und fein hacken, eine beiseite stellen. Jeweils die Hälfte der Gewürzmischung, des Knoblauchs und je 1 EL Öl zum Seitan und Fleisch geben. Beides gut mischen und etwa 20 Min. ziehen lassen.
- Rote Bete in Scheiben schneiden. Tomaten waschen, putzen und in Scheiben schneiden.
- Für den Dip Zwiebel abziehen und fein hacken. Petersilie waschen, trocken schütteln und fein hacken. Alles zum Joghurt geben und mit restlichem Knoblauch, Salz, Pfeffer und Cayennepfeffer abschmecken.
- Zwei Pfannen erhitzen, den Seitan und das Fleisch jeweils kräftig darin anbraten. Fladenbrot in vier Teile schneiden und jeweils eine Tasche hineinschneiden. Im Ofen ca. 5 Min. aufbacken.
- In zwei Fladenbrottaschen den Seitan, die Hälfte der Tomaten und Rote Bete geben und mit der Soße beträufeln. In die anderen zwei Taschen das Fleisch und die andere Hälfte der Tomaten, Rote Bete und der Soße geben.

▶ Nährwerte pro Portion:

Vegetarisch	420 kcal, 30 g E, 10 g F, 50 g KH
Fleisch	435 kcal, 30 g E, 15 g F, 40 g KH

Tipp

Die vegetarische Döner-Variante schmeckt auch toll mit Schafskäse oder angebratenem Halloumikäse.

Orientalischer Gurkensalat mit Kichererbsenküchlein und Lammfilets

Der Gurkensalat mit dem gewissen Etwas

▶ Für 4 Personen

gelingt leicht ⏱ 15 Min.

- 2 Salatgurken
- 150 g Naturjoghurt, 3,5 % Fett
- 1 Knoblauchzehe
- 2 EL Pinienkerne
- 4 Zweige Minze
- 2 EL Rosinen
- Meersalz
- Pfeffer (frisch gemahlen)
- 100 ml Milch
- 1 Bio-Ei
- 120 g Kichererbsenmehl
- Currypulver
- 2 EL Olivenöl
- 2 kleine Lammfilets (à 125 g)
- ½ TL Koriandersamen
- 4 Minzeblätter

- Für den Salat die Gurken waschen, putzen und grob raspeln. Joghurt unterheben. Knoblauch abziehen, fein hacken und unter den Salat geben. Pinienkerne trocken anrösten. Minze waschen, trocken schütteln und fein hacken. Rosinen, Pinienkerne und Minze zu dem Salat geben und vermengen. Mit Salz und Pfeffer abschmecken.
- Für die Küchlein Milch und Ei verrühren. Das Kichererbsenmehl langsam in die Ei-Milch-Mischung sieben und vermischen, bis ein zähflüssiger Teig entstanden ist. Mit Salz, Pfeffer und Curry würzen. Je 1 EL Öl in zwei Pfannen erhitzen. In der einen ca. sechs Küchlein goldgelb braten.
- Lammfilets waschen und trocken tupfen. In der anderen Pfanne die Lammfilets ca. 2–3 Min. von allen Seiten anbraten und mit Salz, Pfeffer und etwas zerstoßenem Koriander würzen.
- Salat zu den Küchlein und den Lammfilets servieren. Mit etwas Minze dekorieren.

▶ Nährwerte pro Portion:

Vegetarisch	350 kcal, 20 g E, 10 g F, 40 g KH
Fleisch	330 kcal, 40 g E, 15 g F, 10 g KH

Kernige Brötchen mit Zitronen-Senf-Mayonnaise mit Nori-Tofu und Räucherforelle

Die Algen liefern eine Extraportion Jod.

▶ Für 4 Personen

gelingt leicht ⏲ 10 Min.

2 Zweige Dill · 100 g Mayonnaise · 1 TL Senf · 2 TL Zitronensaft · Meersalz, rosa Pfefferbeeren · 1 rote Zwiebel · 4 saure Gurken · 1 Blatt Nori-Braunalgen, geröstet · 2 Räucherforellen (à 100 g) · 1 TL Sesamöl · 4 dünne Scheiben Tofu · 4 Vollkornbrötchen

- Dill waschen, trocken schütteln und fein hacken. Mayonnaise mit Senf, Zitronensaft und Dill vermischen und mit Salz und zerstoßenen Pfefferbeeren abschmecken.
- Zwiebel abziehen und in Ringe schneiden. Gurken in Scheiben schneiden. Noriblatt in vier lange Stücke schneiden mit etwas Wasser einpinseln. Räucherforellen halbieren.
- Öl in einer Pfanne erhitzen und Tofu kurz darin anbraten. Tofu in die Noriblattstücke wickeln.
- Brötchen aufschneiden und alle Hälften mit der Mayonnaise bestreichen. Auf die unteren Hälften den Tofu und auf die restlichen Hälften die Räucherforellen legen. Alles mit der Zwiebel und den Gurken belegen und mit den anderen Hälften zudecken.

▶ Nährwerte pro Portion:

Vegetarisch	412 kcal, 15 g E, 30 g F, 30 g KH
Fleisch	410 kcal, 20 g E, 25 g F, 30 g KH

Tipp

Die Noriblätter können Sie im Supermarkt oder im Asialaden kaufen. Im Bioladen gibt es darüber hinaus auch schon Tofu mit Algen.

Kleine Kräuter-Gemüse-Fritatta mit Rote-Bete-Streifen und Lachsschinken

Eine nette Idee fürs Büffet

▶ Für 12 Stück

gelingt leicht ⏲ 30 Min.

1 Bund Petersilie · 1 Bund Basilikum · 1 Bund Schnittlauch · 50 g Parmesan · 1 rote Spitzpaprikaschote · 6 Bio-Eier (Kl. M) · Meersalz · Pfeffer (frisch gemahlen) · Curry · 1 EL Olivenöl · 6 Scheiben Lachsschinken · 1 kleine Knolle Rote Bete

- Kräuter waschen, trocken schütteln und fein hacken, Schnittlauch in Röllchen schneiden. Parmesan fein reiben. Paprika waschen, putzen, entkernen und in kleine Würfel schneiden.
- Backofen auf 200 Grad (Umluft 180 Grad) vorheizen.
- Eier aufschlagen und in eine Schüssel geben und verrühren. Kräuter, Parmesan und Paprika untermischen, mit Salz, Pfeffer und Curry würzen und gut vermischen.
- Zwölf Muffinförmchen mit Öl einpinseln. Die Eimasse in die Förmchen geben und etwa 20 Min. im Backofen backen.
- Rote Bete schälen und in dünne Streifen hobeln. Frittata aus den Förmchen nehmen und auf vier Teller geben.
- Sechs Stück mit Lachsschinken und sechs Stück mit der Rote Bete belegen.

▶ Nährwerte pro Stück:

Vegetarisch	40 kcal, 3 g E, 2 g F, 1 g KH
Fleisch	40 kcal, 4 g E, 3 g F, 1 g KH

Tipp

Die Gemüse-Frittata können kalt oder warm serviert werden und schmecken variantenreich, wenn sie mit Pilzen, Mais, Gouda, Tomaten, Krabben oder Brokkoli zubereitet werden. Fritatta kommen ganz groß raus, wenn Sie sie als Türmchen pfiffig übereinanderstapeln.

Wraps mit Rucola, gebratenen Zucchinischeiben und Ziegenfrischkäse mit vegetarischem Aufschnitt und Putenbrust

In Stücke gut als Fingerfood

▶ Für 4 Personen

gelingt leicht ⏲ 10 Min.

1 Zucchini · 1 EL Olivenöl · Meersalz, Pfeffer (frisch gemahlen) · 1 Paprikaschote, gelb · 100 g Rucola · 4 Tortillafladen (à 50 g) · 120 g Ziegenfrischkäse · 4 Scheiben Putenbrust, geräuchert (à 25 g) · 4 Scheiben vegetarischer Aufschnitt

- Zucchini waschen, putzen und längs in Scheiben schneiden.
- Öl in einer Pfanne erhitzen, Zucchinischeiben von beiden Seiten anbraten und mit Salz und Pfeffer würzen. Aus der Pfanne nehmen und auf Küchenpapier auskühlen lassen.
- Paprika waschen, putzen und in Streifen schneiden. Rucola waschen und trocken schütteln.
- Die Tortillafladen mit dem Ziegenfrischkäse bestreichen. Gemüse und Rucola darauf verteilen.
- Zwei Fladen mit Putenbrustscheiben und zwei mit dem vegetarischen Aufschnitt belegen. Fladen zusammenrollen und kurz vor dem Servieren die Rollen schräg halbieren.

▶ Nährwerte pro Portion:

Vegetarisch	360 kcal, 15 g E, 20 g F, 30 g KH
Fleisch	300 kcal, 20 g E, 10 g F, 30 g KH

Tipp

Wraps sind super zum Mitnehmen geeignet, toll fürs Büro oder zum Picknick. Übrigens gibt es die Fladen in türkischen Läden auch mit Vollkornmehl gebacken. Diese machen dann länger satt.

Avocado-Wraps mit Senfcreme gefüllt mit Schafskäse und Räucherlachs

Wraps sind schnell gemacht.

▶ Für 4 Personen

gelingt leicht ⏲ 10 Min.

2 Karotten · ½ Eisbergsalat · 1 Avocado · 60 g Schafskäse · 1 Becher Naturjoghurt, 3,5 % Fett · 1 EL Senf · 1 Kästchen Kresse · 1 TL Zitronensaft · Meersalz · Pfeffer (frisch gemahlen) · 4 Kräutertortillafladen (à 50 g) · 80 g Räucherlachs

- Karotten schälen, waschen und grob raspeln. Eisbergsalat waschen und in Streifen schneiden. Avocado halbieren, den Kern herauslösen und das Fruchtfleisch mit einem Löffel aus der Schale löffeln. Avocadofleisch in Scheiben schneiden. Schafskäse in Scheiben schneiden.
- Joghurt mit Senf, Kresse und Zitronensaft vermischen und mit Salz und Pfeffer würzen.
- Die Tortillafladen mit der Senfcreme bestreichen. Gemüse auf die Creme legen. Zwei Fladen mit Räucherlachs und zwei mit Schafskäse belegen. Fladen zusammenrollen und kurz vor dem Servieren schräg halbieren.

▶ Nährwerte pro Portion:

Vegetarisch	360 kcal, 10 g E, 20 g F, 35 g KH
Fleisch	350 kcal, 15 g E, 15 g F, 35 g KH

Tipp

Schneiden Sie die Wraps in vier Stücke und spießen Sie sie mit einem Zahnstocher auf. Dann haben Sie leckere Fingerfood-Happen für Ihre nächste Party.

Gratinierte Avocados mit Ziegenkäse mit Nüssen und Schinkenstreifen

Raffinierte Vorspeise

▶ Für 4 Personen

gelingt leicht ⏱ **20 Min.**

2 Avocados · 4 Stücke Ziegenfrischkäse von der Rolle (120 g) · 2 Scheiben Serranoschinken · 4 Walnusskerne · 1 Zweig Rosmarin · 1 Zweig Thymian · 1 TL Honig

- Backofen auf 200 Grad (Umluft 180 Grad) vorheizen.
- Avocados halbieren und Kerne entfernen. Die vier Hälften auf ein Backblech setzen. Ziegenfrischkäse auf die Avocado setzen.
- Schinken in Streifen schneiden und zwei Avocados damit bestreuen. Walnüsse hacken und die anderen zwei Avocados damit bestreuen.
- Kräuter waschen, trocken schütteln und fein hacken. Avocados mit Kräutern bestreuen und mit dem Honig beträufeln.
- Avocados im Backofen etwa 15 Min. gratinieren.

▶ Nährwerte pro Portion:

Vegetarisch	260 kcal, 5 g E, 25 g F, 10 g KH
Fleisch	250 kcal, 10 g E, 20 g F, 10 g KH

Tipp

Verwenden Sie häufig Avocados, denn sie enthalten viele Vitamine und Mineralstoffe sowie Fett, das hauptsächlich aus den gesunden ungesättigten Fettsäuren besteht.

Bagels mit Senfcreme und Feige mit Brie und Schweinebratenaufschnitt

Ein tolles Brot für unterwegs

▶ Für 4 Personen

gelingt leicht ⏱ **10 Min.**

100 g Crème fraîche · 1 TL Feigen-Senf oder Senf · Meersalz · Pfeffer (frisch gemahlen) · 50 g Feldsalat · 2 Feigen · 4 Bagels · 4 Scheiben Schweinebratenaufschnitt (à 20 g) · 4 Scheiben Brie (à 20 g)

- Crème fraîche mit Senf vermischen und mit Salz und Pfeffer würzen. Feldsalat waschen, putzen und trocken schütteln. Feigen waschen, putzen und in Scheiben schneiden.
- Bagels aufschneiden und alle Hälften mit der Creme bestreichen. Jeweils die untere Hälfte mit dem Feldsalat belegen. Zwei Hälften mit dem Aufschnitt und zwei mit dem Brie belegen. Abschließend auf alle Hälften die Feigen verteilen und mit den anderen Hälften zudecken.

▶ Nährwerte pro Portion:

Vegetarisch	370 kcal, 15 g E, 20 g F, 40 g KH
Fleisch	325 kcal, 15 g E, 10 g F, 40 g KH

Tipp

Feigen liefern neben Kalium, Kalzium, Magnesium und Eisen viele Vitamine, Enzyme und Ballaststoffe, die die Verdauung anregen. Darüber hinaus sehen sie toll aus und peppen die Bagels optisch auf.

Pasta mit cremigem Spitzkohl, Cranberries und Mandeln mit angebratenen Pilzen und Schinkenstreifen

Die Pasta ist einfach köstlich.

▶ Für 4 Personen

gelingt leicht ⏲ **20 Min.**

500 g Spaghetti · Meersalz · 1 kleine Zwiebel · 1 Knoblauchzehe · 1 kleiner Spitzkohl (400 g) · 3 EL Olivenöl · 2 EL Mandelstifte · 100 ml Weißwein oder Traubensaft · 50 g getrocknete Cranberries · 1 Becher Sahne · 1 Packung Ziegenfrischkäse (150 g) · 100 ml Gemüsebrühe · Pfeffer (frisch gemahlen) · 200 g braune Champignons · 100 g Schinken, gekocht · 1 Bund Petersilie

- Spaghetti in reichlich Salzwasser etwa 8 Min. bissfest garen. Zwiebel und Knoblauch abziehen und fein hacken. Spitzkohl waschen, putzen, dabei äußere Blätter entfernen, halbieren und Strunk entfernen. Kohl in Streifen schneiden.
- 1 EL Öl in einer Pfanne erhitzen, Zwiebeln und Knoblauch darin glasig dünsten. Spitzkohl und Mandeln zugeben und etwa 5 Min. mit andünsten. Mit Wein ablöschen und Cranberries zugeben. Sahne, Frischkäse und Brühe zugeben und alles vermischen. Etwa 5 Min. köcheln lassen. Mit Salz und Pfeffer abschmecken.
- Nebenher für die vegetarische Variante Champignons putzen und in Scheiben schneiden. Für die Fleischvariante den Schinken in Streifen schneiden. Restliches Öl in einer Pfanne erhitzen. Erst die Champignons anbraten, herausnehmen und warm stellen und dann den Schinken anbraten.
- Petersilie waschen, trocken schütteln, fein hacken und unter den Spitzkohl geben. Spaghetti in vier tiefe Teller geben, darauf die Spitzkohlsoße verteilen. Auf zwei Portionen die Champignons und auf die anderen zwei Portionen den Schinken geben.

▶ Nährwerte pro Portion:

Vegetarisch	880 kcal, 30 g E, 35 g F, 105 g KH
Fleisch	880 kcal, 15 g E, 35 g F, 105 g KH

Pasta & Kartoffeln

Tellerlasagne mit Karotten mit Austernpilzen und Kabeljaufilets

Die Lasagne der besonderen Art!

- Pilze putzen und in Scheiben schneiden. Karotten waschen, schälen, einmal quer halbieren und längs in Scheiben schneiden. Zwiebel abziehen und fein hacken. Fisch abspülen, trocken tupfen und in Scheiben oder flache Stücke schneiden.
- Lasagneplatten in kochendem Salzwasser ca. 8 Min. bissfest garen, abgießen und jede Platte quer halbieren.
- Nebenher 1 EL Öl in einem Topf erhitzen und die Zwiebel darin glasig dünsten. Mit Mehl bestäuben und unter Rühren mit dem Wein ablöschen. Die Sahne zugeben und untermischen. Aufkochen lassen und etwa 5. Min. köcheln lassen. Mit Salz und Pfeffer würzen
- 1 EL Öl in einer Pfanne erhitzen. Erst die Karotten anbraten, herausnehmen und im Ofen warm stellen, dann die Pilze 5 Min. anbraten, warm stellen und in der gleichen Pfanne die Fischstücke anbraten.
- Rucola waschen und trocken schütteln. Mozzarella in dünne Scheiben schneiden.
- Vor dem Servieren die Soße mit einem Stabmixer aufschäumen. 4 EL Soße beiseite stellen.
- Auf zwei Teller die vegetarische Variante schichten. Mit einer Lasganeplatte beginnen, dann die Pilze, die Hälfte der Karotten, des Rucolas und des Mozzarellas schichten und jeweils mit der Soße beträufeln. Für die Fischvariante das Gleiche mit dem Filet statt den Pilzen und den restlichen Zutaten schichten.
- Alle vier Teller abschließend mit je 1 EL Soße und einem ½ TL Balsamicocreme beträufeln.

▶ Nährwerte pro Portion:

Vegetarisch	595 kcal, 20 g E, 35 g F, 50 g KH
Fleisch	670 kcal, 40 g E, 35 g F, 50 g KH

▶ Für 4 Personen

gelingt leicht ⏲ 30 Min.

200 g mittelgroße Austernpilze (oder auch Champignons)
2 Karotten
1 Zwiebel
250 g Kabeljaufilet
8 Lasagneplatten
3 EL Olivenöl
1 EL Mehl
50 ml Weißwein
200 ml Sahne
Meersalz
Pfeffer (frisch gemahlen)
1 Bund Rucola
2 Kugeln Mozzarella
2 TL Balsamicocreme

Rotkohlpasta mit Pistazien mit knusprigem Seitan und Entenbrust

Eine festliche Kombination für kalte Winterabende

▶ Für 4 Personen

braucht etwas mehr Zeit ⏲ 40 Min.

500 g Dinkel-Vollkornspaghetti
Meersalz
1 kleine rote Zwiebel
1 kleiner Kopf Rotkohl (400 g)
1 Entenbrust (200 g)
2 EL Olivenöl
1 EL Aceto balsamico
100 ml Weißwein oder Traubensaft
1 TL Rohrzucker
200 ml Milch
1 Packung Ziegenfrischkäse (150 g)
100 ml Gemüsebrühe
Pfeffer (frisch gemahlen)
1 Stück Seitan (200 g)
100 g rote Weintrauben
30 g Pistazienkerne

- Spaghetti in reichlich Salzwasser etwa 8 Min. bissfest garen. Zwiebel abziehen und fein hacken. Rotkohl waschen, putzen, dabei äußere Blätter entfernen, halbieren und Strunk entfernen. Kohl waschen und in Streifen schneiden.
- Backofen für die Entenbrust auf 140 Grad (Umluft 120 Grad) vorheizen. Entenbrust waschen und trocken tupfen. Dann die Haut mit einem scharfen Messer mehrmals kreuzweise einritzen. Vorsicht: Achten Sie darauf, nicht in das Fleisch zu schneiden.
- Pfanne ohne Fett erhitzen, dann das Fleisch hineingeben und auf der Hautseite etwa 5 Min. kräftig anbraten, bis die Haut leicht gebräunt ist. Dann die Entenbrust wenden und weitere ca. 5 Min. braten. Aus der Pfanne nehmen, in Alufolie wickeln und für ca. 12–15 Min. im vorgeheizten Ofen garziehen.
- 1 EL Öl in einer Pfanne erhitzen, Zwiebeln darin glasig dünsten. Rotkohl zugeben und etwa 5 Min. mit andünsten. Mit Balsamicoessig und Wein ablöschen und Zucker zugeben. Milch, Frischkäse und Brühe untermischen. Etwa 10 Min. köcheln lassen. Mit Salz und Pfeffer abschmecken.
- Nebenher für die vegetarische Variante Seitan in Scheiben schneiden. Restliches Öl in einer Pfanne erhitzen und den Seitan anbraten.
- Entenbrust aus der Folie nehmen, würzen und in Tranchen schneiden. Weintrauben waschen, halbieren und ggf. entkernen. Pistazien klein hacken.
- Spaghetti mit der Soße vermengen und in vier tiefe Teller verteilen. Auf zwei Portionen die Ententranchen und auf die anderen zwei Portionen den Seitan geben. Trauben und Pistazien darübergeben und servieren.

▶ Nährwerte pro Portion:

Vegetarisch	775 kcal, 45 g E, 20 g F, 95 g KH
Fleisch	885 kcal, 45 g E, 35 g F, 90 g KH

Kürbis-Zucchini-Pasta mit Schafskäse-Kräuter-Nuss-Mischung und gebratenen Lachsfilets

Genau das Richtige für den Spätsommer

▶ Für 4 Personen

gelingt leicht ⏲ 25 Min.

500 g Dinkel-Vollkornspaghetti
Meersalz
1 rote Zwiebel
1 Knoblauchzehe
1 kleiner (300–400 g) Hokkaidokürbis
1 Zucchini
1 Zweig Rosmarin und 2 Zweige Thymian
2 EL Olivenöl
200 ml Milch
200 ml Sahne
250 g Lachsfilet
Pfeffer (frisch gemahlen)
15 g Walnusskerne
15 g Paranüsse
60 g Schafskäse

- Spaghetti in Salzwasser etwa 8 Min. bissfest garen. Zwiebel und Knoblauch abziehen und fein hacken. Kürbis waschen, Strunk und Blütenansatz entfernen, halbieren, entkernen und in Scheiben schneiden. Zucchini waschen, putzen, längs halbieren und in Scheiben schneiden. Rosmarin und Thymian waschen, trocken schütteln und Blätter fein hacken.
- 1 EL Öl in einer Pfanne erhitzen. Zwiebeln und Knoblauch darin anbraten. Kürbis- und Zucchinischeiben dazugeben und mit anbraten. Mit Milch und Sahne angießen. Mit den Gewürzen und Kräutern abschmecken. Nudeln unter die Soße heben.
- Lachsfilet abspülen, trocken tupfen. 1 EL Öl in einer Pfanne erhitzen und Filets darin von beiden Seiten jeweils 5–7 Min. anbraten, mit Salz und Pfeffer würzen.
- Walnüsse und Paranüsse hacken und in einer Pfanne trocken anrösten. Schafskäse in kleine Würfel schneiden und mit den Nüssen vermengen.
- Nudeln mit der Soße auf vier Teller verteilen. Auf zwei Teller den Lachs und auf die anderen zwei die Käse-Nuss-Mischung geben.

▶ Nährwerte pro Portion:

Vegetarisch	770 kcal, 35 g E, 30 g F, 90 g KH
Fleisch	745 kcal, 30 g E, 25 g F, 95 g KH

Tipp

Verwenden Sie Dinkelvollkornspaghetti, denn diese sind durch den Vollkornanteil sehr ballaststoff- und vitalstoffreich.

Kartoffel-Kürbis-Gratin mit Linsen und Rinderhackfleisch

Ein Kürbisgericht für kalte Tage

- Backofen auf 200 Grad (Umluft 180 Grad) vorheizen.
- Linsen in der doppelten Menge Wasser ca. 20–30 Min. weich garen. Kürbis und Lauch waschen und putzen. Den Kürbis halbieren, Strunk und Blütenansatz entfernen, mit einem Löffel das Kerngehäuse herausschaben, vierteln und in Scheiben schneiden. Den Lauch in Ringe schneiden. Den weißen Teil beiseitestellen. Kartoffeln schälen, waschen und in Scheiben schneiden. Alles in der Brühe etwa 8–10 Min. dünsten.
- Für die Soße Kreuzkümmel in einem Mörser zerstoßen. 1 EL Öl in einem Topf erhitzen und den restlichen Lauch und den Kreuzkümmel andünsten. Mit Mehl bestäuben und unter Rühren Milch und Sahne dazugeben. Aufkochen lassen. Mit Salz und Pfeffer würzen.
- 1 EL Öl in einer Pfanne erhitzen und das Rinderhackfleisch anbraten. Mit Salz und Pfeffer würzen. Wenn die Linsen weich sind, ebenfalls kräftig würzen.
- Gemüse abgießen und in zwei Auflaufformen geben. Käse fein reiben. Die Linsen und das Rinderhack jeweils über das Gemüse geben. Beide Formen mit der Soße übergießen und mit dem Käse und den Kürbiskernen bestreuen. Etwa 15–20 Min. im Ofen backen.

▶ Nährwerte pro Portion:

Vegetarisch	640 kcal, 30 g E, 35 g F, 550g KH
Fleisch	720 kcal, 40 g E, 50 g F, 30 g KH

▶ Für 4 Personen

braucht etwas mehr Zeit

30 Min.; 15 Min. Backzeit

80 g Berglinsen
1 Hokkaidokürbis
1 Stange Lauch
400 g Kartoffeln
400 ml Gemüsebrühe
1 TL Kreuzkümmelsamen
2 EL ÖL
1 EL Mehl
300 ml Milch
200 ml Sahne
Meersalz
Pfeffer (frisch gemahlen)
200 g Rinderhackfleisch
100 g Bergkäse
2 EL Kürbiskerne

Orientalische Kartoffel-Rosenkohl-Pfanne mit Dattel-Pinienkern-Soße mit Tofuscheiben und Lammfilets

Für beste Freunde

▶ Für 4 Personen

braucht etwas mehr Zeit ⏱ 40 Min.

100 g Datteln, getrocknet
200 ml Apfelsaft, naturtrüb
500 g Rosenkohlröschen
Meersalz
7–8 mittelgroße Kartoffeln (700–800 g)
1 Knoblauchzehe
1 Knolle Ingwer
3 EL Olivenöl
je 1/4 TL Koriandersamen, Kreuzkümmelsamen, Kardamomsaat
1 kleiner Granatapfel
Pfeffer (frisch gemahlen)
1 Schalotte
50 g Pinienkerne
200 ml Sahne
200 g Tofu mit Curry gewürzt (z. B. Indiagold von Bioki)
2 Lammfilets (250 g)

- Datteln klein schneiden und 10 Min. in Apfelsaft einweichen. Rosenkohl waschen, putzen und halbieren. Rosenkohl etwa 5–7 Min. in Salzwasser bissfest garen.
- Die Kartoffeln schälen und in 1 cm große Würfel schneiden. Knoblauch und Ingwer abziehen und fein hacken. In einer großen Pfanne 1 EL Öl erhitzen und Kartoffelwürfel, Knoblauch und Ingwer darin anbraten. Bei mittlerer Hitze ca. 10–15 Min. dünsten. Dann den Rosenkohl dazugeben und weiter 5 Min. dünsten, bis die Kartoffeln weich sind.
- Koriander, Kreuzkümmel und Kardamom trocken in einer Pfanne anrösten und mit einem Mörser fein mahlen. Granatapfel halbieren und über einer Schüssel die Kerne aus der Frucht lösen. Kartoffeln anschließend mit Salz, Pfeffer und den Gewürzen würzen. Granatapfelkerne unterheben.
- Für die Soße Schalotte abziehen und fein hacken. 1 EL ÖL erhitzen, Schalotten und Pinienkerne anschwitzen und Datteln mit dem Saft zugeben. 10 Minuten köcheln lassen. Datteln mit der Sahne pürieren und mit Salz und Pfeffer würzen.
- Tofu in Streifen schneiden. Lammfilets waschen und trocken tupfen. Je 1 EL Olivenöl in zwei Pfannen erhitzen und Tofu sowie Fleisch 5–7 Min. von beiden Seiten anbraten. Mit Salz und Pfeffer kräftig würzen.
- Pfanne auf vier Teller verteilen. Tofu auf zwei und Fleisch auf zwei Teller geben und jeweils mit der Soße beträufeln.

▶ Nährwerte pro Portion:

Vegetarisch	615 kcal, 25 g E, 30 g F, 60 g KH
Fleisch	715 kcal, 45 g E, 35 g F, 55 g KH

Pasta in Gorgonzolasoße mit Blattspinat und Schweinefiletspitzen

Cremig-würzig

▶ Für 4 Personen

gelingt leicht ⏲ 30 Min.

500 g Linguini · Meersalz · 1 Zwiebel · 2 Knoblauchzehen · 250 g Schweinefilet · 2 EL Olivenöl · 100 ml Weißwein · 200 ml Sahne · 200 ml Gemüsebrühe · 300 g tiefgefrorener Blattspinat, aufgetaut · 1 TL Zitronenschale · 100 g Gorgonzola · Pfeffer (frisch gemahlen) · Muskat · 10 Walnusshälften

- Nudeln in Salzwasser etwa 8 Min. bissfest garen. Zwiebel und Knoblauch abziehen und fein hacken. Schweinefilet in Streifen schneiden.
- Für die Fleischvariante die Hälfte der Zwiebel und des Knoblauchs in einer Pfanne mit 1 EL Öl andünsten. Fleisch darin etwa 5 Min. anbraten. Mit der Hälfte des Weines ablöschen und je die Hälfte der Sahne und Brühe zugeben. Etwa 5 Min. garen lassen.
- Für die vegetarische Variante die restliche Zwiebel und den Knoblauch in einem Topf mit 1 EL heißem Öl andünsten. Spinat zugeben und mit dem Rest Wein ablöschen. Restliche Sahne und Brühe zugeben und kurz köcheln lassen. Zitronenschale unterheben.
- In beide Komponenten je eine Hälfte des Gorgonzolas zugeben und schmelzen lassen. Beides mit Salz, Pfeffer und Muskat abschmecken.
- Walnüsse hacken, in einer Pfanne ohne Fett anrösten. Nudeln auf vier Teller verteilen, die Soßen darübergeben und mit Walnüssen bestreut servieren.

▶ Nährwerte pro Portion:

Vegetarisch	890 kcal, 30 g E, 45 g F, 95 g KH
Fleisch	970 kcal, 50 g E, 45 g F, 90 g KH

Chinesische Reisnudeln mit Mangold-Kokos-Creme mit Wakame-Pilzen und Garnelen

Mangold auf asiatisch

▶ Für 4 Personen

gelingt leicht ⏲ 20 Min.

1 Mangold · 1 Zwiebel · 1 Knoblauchzehe · 3 EL Kokosöl · 2 EL Cashewkerne · 400 ml Kokosmilch · Meersalz · Pfeffer (frisch gemahlen) · Currypulver · 200 g Shitakepilze · 1 Wakame-Noriblatt, geröstet · 250 g Garnelen, geschält, entdarmt · 2 EL Sojasoße · Chiliflocken · 500 g Reisnudeln

- Mangold waschen, putzen und in Streifen schneiden. Zwiebel und Knoblauch schälen und hacken.
- 1 EL Öl in einem Topf erhitzen und Zwiebeln mit dem Knoblauch darin andünsten. Mangold und Kerne dazugeben und weiter dünsten. Kokosmilch unterrühren und bei geringer Hitze etwa 6 Min. garen. Mit Salz, Pfeffer und den Gewürzen abschmecken.
- Pilze putzen und in Stücke schneiden. Wakameblatt in kleine Stücke schneiden. Garnelen abspülen und trocken tupfen.
- Zwei Pfannen mit je 1 EL Öl erhitzen. Die Pilze in der einen und die Garnelen in der anderen Pfanne jeweils 5 Min. anbraten. Wakame zu den Pilzen geben und mit 1 EL Sojasoße ablöschen. Garnelen ebenfalls mit 1 EL Sojasoße ablöschen. Beides mit Salz, Pfeffer und Chili abschmecken.
- Reisnudeln in kochendem Salzwasser ca. 5 Min. bissfest garen und in einem Sieb abtropfen lassen. Nudeln mit der Mangoldsoße vermengen und auf vier Teller verteilen.
- Auf zwei Teller die Garnelen und auf die anderen die Pilze verteilen.

▶ Nährwerte pro Portion:

Vegetarisch	600 kcal, 15 g E, 10 g F, 110 g KH
Fleisch	685 kcal, 30 g E, 10 g F, 110 g KH

Spätzle mit grünem Spargel mit Parmesan-Polenta-Bällchen und Rosmarin-Putenstückchen

Liaison von Schwaben und Italienern

- Für die Spätzle Mehl, Eier und Salz verrühren. Nach und nach Wasser zum Teig geben, kräftig rühren, bis der Teig Blasen schlägt und schließlich ein glatter und zähflüssiger Teig entsteht. Abgedeckt für ca. 1 Stunde kühl stellen.
- Währenddessen Thymian mit Polenta und Pfeffer mischen. Salzwasser zum Kochen bringen und Polenta mit dem Schneebesen einrühren und aufkochen. Bei kleiner Hitze ca. 10 Min. zugedeckt quellen lassen. Parmesan fein reiben und unter die Polenta heben. Polenta etwas abkühlen lassen, Eigelb und Brösel untermengen. Aus der Masse 8–10 kastaniengroße Bällchen formen. Auf einen Teller geben und ganz auskühlen lassen.
- Frühlingszwiebeln und Spargel waschen, putzen und in Stücke schneiden. 1 EL Öl in einer Pfanne erhitzen, Frühlingszwiebeln und Spargel andünsten. Mit Weißwein ablöschen und ca. 5 Min. garen. Sahne und Frischkäse unterrühren und mit Salz und Pfeffer abschmecken.
- Nebenher ca. 2 Liter Salzwasser zum Kochen bringen. Spätzleteig vom Brett in kochendes Wasser schaben, ziehen lassen und mit einem Schaumlöffel herausnehmen. Mit kaltem Wasser abschrecken und abtropfen lassen. Bei Zeitmangel können auch fertige Spätzle verwendet werden.
- 1 EL Öl in einer Pfanne erhitzen und Polenta-Bällchen darin leicht anbraten.
- Putenbrustfilet waschen, trocken tupfen und in 8–10 Stücke schneiden. 1 EL Öl in einer Pfanne erhitzen und das Putenbrustfilet darin ca. 5 Min. von beiden Seiten anbraten. Mit Salz, Pfeffer und Rosmarin würzen.
- Spätzle mit der Soße vermengen und auf vier Teller verteilen. Auf zwei Teller je 4–5 Polenta-Bällchen geben und auf die anderen zwei die Putenstückchen legen. Petersilie waschen, trocken schütteln und hacken. Spätzle mit Petersilie bestreuen und servieren.

▶ Nährwerte pro Portion:

Vegetarisch	830 kcal, 30 g E, 45 g F, 75 g KH
Fleisch	800 kcal, 50 g E, 35 g F, 60 g KH

▶ Für 4 Personen

braucht etwas mehr Zeit

30 Min.; 60 Min. Wartezeit

300 g Weizenmehl
3 Bio-Eier
¼ TL Meersalz
200 ml Wasser
½ TL Thymian, getrocknet
60 g Polenta (Maisgrieß)
Pfeffer (frisch gemahlen)
Meersalz
250 ml Wasser
20 g Parmesan
1 Bio-Eigelb
2–3 EL Semmelbrösel
1 Bund Frühlingszwiebeln
1 Bund grüner Spargel
3 EL Olivenöl
50 ml Weißwein
100 ml Sahne
200 g Frischkäse
250 g Putenbrustfilet (ca. 250 g)
Rosmarin, getrocknet
1 Bund Blattpetersilie

Kartoffel-Blumenkohl-Stampf mit gebackenem Schafskäse und panierten Hähnchennuggets

Klasse für Kinder!

- Blumenkohl waschen, putzen und in grobe Röschen teilen. Kartoffeln schälen, waschen und in Stücke schneiden. Beides in einem Topf mit Salzwasser ca. 15 Min. weich garen.
- Schafskäse und Hähnchenbrust in je vier Stücke schneiden. Die Eier aufschlagen und in einem tiefen Teller verquirlen. In zwei weitere Teller das Mehl und die Semmelbrösel geben. Das Mehl mit Salz und Pfeffer würzen.
- Zuerst den Käse panieren. Dabei den Käse erst im Mehl wenden, dann ins Ei geben und anschließend in den Semmelbröseln wenden und fest andrücken. Das Gleiche mit den Hähnchenstücken machen.
- Je 1 EL Öl in zwei Pfannen erhitzen und Käse sowie Hähnchen goldgelb braten.
- Tomaten waschen, putzen und in Würfel schneiden. Basilikum waschen, trocken schütteln und klein schneiden. Quark mit dem Joghurt glatt rühren. Tomaten und Basilikum untermischen und mit Salz und Pfeffer würzen.
- Wenn die Kartoffeln und der Blumenkohl weich sind, das Wasser abgießen und mit einem Kartoffelstampfer klein stampfen. Petersilie waschen, trocken schütteln und fein hacken. Petersilie unter den Stampf heben und mit den Gewürzen abschmecken.
- Hähnchennuggets und Schafskäse zu dem Stampf mit dem Dip servieren.

▶ Nährwerte pro Portion:

Vegetarisch	615 kcal, 35 g E, 35 g F, 45 g KH
Fleisch	460 kcal, 50 g E, 10 g F, 40 g KH

▶ Für 4 Personen

gelingt leicht ⏲ 25 Min.

1 Kopf Blumenkohl
4 Kartoffeln
Meersalz
200 g fester Schafskäse
250 g Hähnchenbrustfilet
2 Bio-Eier
4 EL Mehl
6 EL Semmelbrösel
Pfeffer (frisch gemahlen)
2 EL Olivenöl
2 Tomaten
4 Zweige Basilikum
200 g Magerquark
100 g Naturjoghurt, 3,5 % Fett
4 Zweige Blattpetersilie
1 Prise Muskat
Thymian, Majoran, getrocknet

Tipp

Der Stampf schmeckt auch lecker mit Steckrüben, Pastinaken oder Topinambur.

Sommerliche Zucchini-Kartoffel-Pfanne mit gebratenen Pfirsichscheiben mit Pfifferlingen und Hähnchenbrustfilets

Herrlich sommerlich!

▶ Für 4 Personen

gelingt leicht ⏲ 35 Min.

- 800 g Kartoffeln
- 2 Zucchini
- 40 g Parmesan
- 3 EL Olivenöl
- Meersalz
- Pfeffer (frisch gemahlen)
- Thymian getrocknet
- 200 ml Milch
- 1 EL Mehl
- 100 ml Sahne
- 20 g Walnüsse
- 2 Hähnchenbrustfilets (250 g)
- 200 g Pfifferlinge oder Kräuterseitlinge
- 4 Pfirsiche oder Nektarinen

- Die Kartoffeln schälen und in 1 cm große Würfel schneiden. Die Zucchini waschen, putzen und in Würfel schneiden. Parmesan fein reiben.
- In einer großen Pfanne 1 EL Öl erhitzen und die Kartoffelwürfel darin anrösten. Bei mittlerer Hitze 10–15 Min. dünsten, bis die Kartoffeln weich sind. Nach 10 Min. die Zucchiniwürfel zugeben und mitdünsten. Anschließend mit Salz, Pfeffer und Thymian würzen.
- Nebenher die Milch in einen Topf geben und aufkochen lassen. Das Mehl in etwas kaltes Wasser streuen und glatt rühren. Dann das angerührte Mehl langsam und unter Rühren in die Soße geben. Kurz aufkochen, die Sahne und den Parmesan dazugeben und mit Salz und Pfeffer abschmecken. Walnüsse grob hacken, trocken anrösten und unter die Soße geben.
- Die Hähnchenbrustfilets abspülen und trocken tupfen. Pilze putzen. Je 1 EL Öl in zwei Pfannen erhitzen und in der einen die Hähnchenbrustfilets und in der anderen die Pilze anbraten. Die Pfirsiche halbieren, den Kern auslösen und noch einmal vierteln. Zu den Filets und Pilzen geben und mit anbraten. Das Fleisch und die Pilze mit Salz und Pfeffer abschmecken. Alle Komponenten auf vier Tellern anrichten.

▶ Nährwerte pro Portion:

Vegetarisch	545 kcal, 20 g E, 30 g F, 50 g KH
Fleisch	650 kcal, 45 g E, 30 g F, 50 g KH

Tipp

Pfifferlinge haben im Sommer Saison und wachsen meist wild. Sie schmecken würzig und sind reich an Eiweiß sowie Kalium.

Kürbis-Weizen-Salat mit gegrilltem Halloumi und Hähnchenbrustfilet

So kann der Herbst kommen.

▶ Für 4 Personen
gelingt leicht ⏲ 35 Min.
250 g Zartweizen (vorgegarter Weizen) · Meersalz · 1 kleiner Hokkaidokürbis · 4 EL Olivenöl · 1 Zweig Rosmarin · Pfeffer (frisch gemahlen) · 100 g Rucola · 1 Bio-Zitrone · 3 EL Gemüsebrühe · 2 TL Senf · 2 TL Honig · 2 Hähnchenbrustfilets (à 150 g) · 200 g Halloumikäse

- Weizen in Salzwasser etwa 10 Min. weich garen.
- Kürbis waschen, Strunk und Blütenansatz entfernen, halbieren und Kerngehäuse mit einem Löffel herausschaben. Kürbis vierteln und in Scheiben schneiden. 1 EL Öl in einer Pfanne erhitzen und Kürbisscheiben darin ca. 10 Min. anbraten. Rosmarin waschen, trocken schütteln und Nadeln fein hacken. Rosmarin zum Kürbis geben und mit Salz und Pfeffer würzen.
- Rucola waschen, putzen, trocken schütteln und klein schneiden. Saft der Zitrone auspressen. 2 EL Olivenöl mit Zitronensaft, Gemüsebrühe, Senf und Honig vermischen und mit Salz und Pfeffer würzen.
- Weizen in ein Sieb abgießen und auskühlen lassen. Weizen mit dem Kürbis und Rucola vermengen. Dressing untermischen und Salat noch einmal abschmecken.
- Für die Fleischvariante Hähnchenbrustfilets waschen, trocken tupfen und mit Salz und Pfeffer würzen. Halloumikäse halbieren bzw. in vier Scheiben schneiden. Hähnchen und Halloumikäse auf dem Elektrogrill oder in einer Grillpfanne jeweils 5 Min. von beiden Seiten grillen.
- Hähnchen in Scheiben schneiden. Salat auf vier Teller verteilen. Zwei Teller mit dem Käse und zwei mit den Hähnchenscheiben belegen.

▶ Nährwerte pro Portion:

Vegetarisch	715 kcal, 40 g E, 40 g F, 45 g KH
Fleisch	490 kcal, 45 g E, 15 g F, 45 g KH

Reis & Getreide

Couscous mit Gemüse mit Schafskäse und Thunfisch

Wenn es mal schnell gehen muss.

▶ Für 4 Personen

gelingt leicht 20 Min.

200 g Couscous · 1 Bund Frühlingszwiebeln · 2 Karotten · 1 Paprikaschote · 4 Tomaten · 1 Gurke · 1 EL Zitronensaft · 1 EL Olivenöl · Meersalz · Pfeffer (frisch gemahlen) · Chiliflocken · 1 Bund Basilikum · 2 EL Cashewkerne · 1 Becher Naturjoghurt, 3,5 % Fett · 1 Dose Thunfisch, im eigenen Saft (65 g) · 60 g Schafskäse

- Couscous in 400 ml kochendes Wasser einrühren, aufkochen und etwa 10 Min. quellen lassen.
- Währenddessen Gemüse waschen und putzen. Die Frühlingszwiebeln, Karotten und die Paprika in Streifen schneiden, die Tomaten und die Gurke in Würfel schneiden. Gemüse mit Zitronensaft und Olivenöl beträufeln und mit den Gewürzen abschmecken.
- Basilikum waschen, trocken tupfen und fein hacken. Die Cashewkerne in einer Pfanne anrösten. Den Couscous mit einer Gabel auflockern. Alles mit dem Gemüse vermengen.
- Thunfischdose öffnen und Saft abgießen. Schafskäse würfeln. Couscous-Gemüse auf vier Teller verteilen. Joghurt, Basilikum, Kerne und ein paar Chiliflocken darübergeben.
- Auf zwei Teller den Thunfisch und auf die anderen beiden den Schafskäse geben.

▶ Nährwerte pro Portion:

Vegetarisch	355 kcal, 15 g E, 15 g F, 45 g KH
Fleisch	305 kcal, 15 g E, 5 g F, 45 g KH

Tipp

Der Couscous lässt sich gut mitnehmen und ist praktisch fürs Büro oder für unterwegs.

Gemüse-Reis-Bett mit überbackenen Auberginenscheiben und Fischfilet

Fisch und Gemüse – beide gut gebettet

▶ Für 4 Personen

braucht etwas mehr Zeit 40 Min.

1 kleine Aubergine · 4 EL Olivenöl · 2 Seelachsfilets (à 125 g) · 3 Zweige Zitronenthymian · 150 g Ziegenfrischkäse · 200 g saure Sahne · Meersalz · zerstoßene rosa Pfefferbeeren · Pfeffer (frisch gemahlen) · 200 g Parboiled Reis · 4 Karotten · 2 Zucchini

- Ofen auf 180 Grad vorheizen (Umluft 160 Grad). Aubergine waschen, putzen und längs in Scheiben schneiden. 2 EL Öl in einer Pfanne erhitzen und die Scheiben darin anbraten.
- Fischfilets waschen und trocken tupfen. Auberginenscheiben und die Fischfilets in zwei leicht gefettete Auflaufformen geben. Thymian waschen, trocken schütteln und die Blätter abzupfen.
- Ziegenfrischkäse mit saurer Sahne verrühren und mit Thymianblättern und den Gewürzen abschmecken. Diese Creme über die Auberginen und den Fisch streichen. Im Backofen etwa 20 Min. garen.
- Währenddessen den Reis in Salzwasser garen. Karotten und Zucchini waschen, putzen und in dünne Streifen schneiden.
- Restliches Öl in einer Pfanne erhitzen, Gemüse darin ca. 5 Min. andünsten. Reis zugeben und kurz mit anbraten. Mit Salz und Pfeffer abschmecken.
- Die Fischfilets mit der Soße auf der Hälfte des Gemüsereises anrichten. Auberginenscheiben auf dem restlichen Reis servieren.

▶ Nährwerte pro Portion:

Vegetarisch	540 kcal, 15 g E, 30 g F, 55 g KH
Fleisch	555 kcal, 35 g E, 25 g F, 50 g KH

Risotto mit Balsamico-Schoko-Soße mit Haselnuss-Tofustreifen und Rinderhüftstreifen

Risotto mit Schokolade – einfach genial!

▶ Für 4 Personen

braucht etwas mehr Zeit ⏲ 40 Min.

2	rote Zwiebeln
1	Knoblauchzehe
3 EL	Olivenöl
300 g	Risottoreis
100 ml	Weißwein
800 ml	Gemüsebrühe
	Meersalz
	Pfeffer (frisch gemahlen)
1 EL	Weizenmehl
200 ml	Gemüsebrühe
2 EL	Aceto balsamico
20 g	dunkle Schokolade
2 TL	Zucker
200 g	Haselnuss-Tofu
250 g	Rinderhüftsteaks
2	frische Feigen

- Für das Risotto eine Zwiebel und Knoblauch abziehen und hacken.
- 1 EL Öl in einem Topf erhitzen. Zwiebel und Knoblauch andünsten. Den Reis dazugeben und eine weitere Minute unter Rühren dünsten. Mit dem Wein ablöschen und bei mittlerer Hitze vollständig einkochen lassen. Nach und nach den Reis mit Brühe angießen, bis er bedeckt ist und unter Rühren einkochen lassen. Immer erst neue Flüssigkeit angießen, wenn bereits die dazugegebene Menge aufgenommen worden ist und immer wieder rühren. Diesen Arbeitsschritt wiederholen, bis die gesamte Brühe aufgebraucht ist. Den Reis bei kleiner Flamme 15–20 Min. quellen lassen, dabei öfter umrühren. Mit Salz und Pfeffer abschmecken.
- Für die Soße die zweite Zwiebel schälen und in Würfel schneiden. Ein EL Öl in einem Topf erhitzen. Zwiebel darin andünsten und unter Rühren mit Mehl bestäuben. Mit dem Essig ablöschen, mit der restlichen Brühe auffüllen und etwa 10 Min. köcheln lassen. Schokolade und Zucker dazugeben und abschmecken. Mit einem Stabmixer kurz pürieren.
- Haselnuss-Tofu und Rinderhüftsteaks in Streifen schneiden. Je 1 EL Öl in zwei Pfannen erhitzen und die Streifen getrennt 5 Min. kross anbraten. Risotto auf vier Teller verteilen. Tofu auf zwei Teller und Fleischstreifen auf die anderen Teller geben und mit der Soße beträufeln. Feigen waschen, in Scheiben schneiden und zum Risotto servieren.

▶ Nährwerte pro Portion:

Vegan	570 kcal, 25 g E, 20 g F, 75 g KH
Fleisch	605 kcal, 35 g E, 20 g F, 70 g KH

Tipp

Vor der Zubereitung sollte der Risottoreis nicht gewaschen werden, damit er während des Kochens seine Stärke abgeben kann und schön cremig wird.

Rote-Bete-Risotto mit Maroni-Rotwein-Schalotten und Rindfleisch-Rotwein-Schalotten

Rot – eine geschmackvolle Farbe!

- Die Zwiebel abziehen und fein hacken. Rote Bete schälen und in kleine Würfel schneiden. Rosmarin waschen, trocken schütteln und fein hacken.
- 1 EL Öl in einem Topf erhitzen. Zwiebel, Rote-Bete-Würfel und Rosmarin ca. 2 Min. bei mittlerer Hitze andünsten. Den Reis dazugeben und eine weitere Minute unter Rühren dünsten. Mit dem Wein ablöschen und bei mittlerer Hitze vollständig einkochen lassen. Nach und nach den Reis mit Brühe angießen, bis er bedeckt ist und unter Rühren einkochen lassen. Immer erst neue Flüssigkeit angießen, wenn die bereits dazugegebene Menge aufgenommen worden ist und immer wieder rühren. Diesen Arbeitsschritt wiederholen, bis die gesamte Brühe aufgebraucht ist. Den Reis bei kleiner Flamme 15–20 Min. quellen lassen, dabei öfter umrühren. Mit Salz und Pfeffer abschmecken.
- Für das Topping Schalotten abziehen und vierteln. Maronen auspacken und Rindfleisch in Streifen schneiden. Je 1 EL Öl in zwei Pfannen erhitzen und Schalotten darin andünsten. Maronen und Rindfleisch in je eine Pfanne geben und ca. 5 Min. anbraten. Je 1 TL Tomatenmark zugeben, anbraten und dabei karamellisieren lassen. Mit je 100 ml Rotwein ablöschen und würzen.
- Risotto auf vier Teller verteilen und Topping darüber geben. Bergkäse grob hobeln und über den Risotto streuen.

▶ Für 4 Personen

braucht etwas mehr Zeit ⏲ 40 Min.

1	rote Zwiebel
2	Rote-Bete-Knollen
1	Zweig Rosmarin
3 EL	Olivenöl
300 g	Risotto-Reis (Sorte Arborio)
100 ml	Weißwein
800 ml	Gemüsebrühe
	Meersalz
	Pfeffer (frisch gemahlen)
4	Schalotten
200 g	Maronen (gegart)
250 g	Rinderfilet oder Rinderhüftsteak
2 TL	Tomatenmark
200 ml	Rotwein
50 g	Bergkäse

▶ Nährwerte pro Portion:

Vegetarisch	715 kcal, 15 g E, 15 g F, 110 g KH
Fleisch	670 kcal, 40 g E, 20 g F, 70 g KH

Tipp

Vorgegarte Maronen eignen sich sehr gut für die schnelle Küche. Statt Maronen können Sie auch Champignons verwenden.

Zucchini-Oliven-Risotto mit gratiniertem Ziegenkäse und Schweinemedaillons

Mit den Oliven wird das Risotto schön würzig.

▶ Für 4 Personen
braucht etwas mehr Zeit 40 Min.
1 Zwiebel · 1 Knoblauchzehe · 2 Zucchini · 50 g getrocknete Tomaten, abgetropft · 60 g Oliven, grün, ohne Stein · 2 EL Olivenöl · 300 g Risotto-Reis · 100 ml Weißwein · 800 ml Gemüsebrühe · Meersalz · Pfeffer (frisch gemahlen) · 6 Ziegenkäse von der Rolle (à 20 g) · 2 TL Honig · 2 Zweige Zitronenthymian · 6 Schweinemedaillons (250 g)

- Zwiebel und Knoblauch abziehen und fein hacken. Zucchini waschen, putzen und in kleine Würfel schneiden. Tomaten und Oliven klein schneiden.
- 1 EL Öl in einem Topf erhitzen. Zwiebeln und Knoblauch kurz andünsten. Zucchini und Reis zugeben und kurz unter Rühren andünsten. Mit dem Wein ablöschen und einkochen lassen. Nach und nach den Reis mit Brühe angießen und unter Rühren einkochen lassen. Dann die Oliven und Tomaten zugeben und unterheben. Den Reis bei kleiner Flamme 15–20 Min. quellen lassen, dabei öfter umrühren. Würzen.
- Backofen auf 200 Grad (Umluft 180 Grad) vorheizen. Thymian waschen, trocken schütteln und Blätter abzupfen.
- Nebenher den Ziegenkäse auf ein mit Backpapier ausgelegtes Backblech geben, mit 1 TL Honig beträufeln und mit Thymian bestreuen. Etwa 10 Min. im Ofen backen.
- Die Schweinemedaillons in einer Pfanne mit 1 EL Öl erhitzen und jeweils 5–7 Min. von beiden Seiten anbraten und mit Salz, Pfeffer, restlichem Honig und Thymian würzen.
- Risotto auf vier Teller verteilen und zwei mit dem Ziegenkäse und die anderen mit dem Fleisch servieren.

▶ Nährwerte pro Portion:

Vegetarisch	595 kcal, 20 g E, 25 g F, 65 g KH
Fleisch	560 kcal, 35 g E, 15 g F, 65 g KH

Orientalischer Safran-Gemüse-Reis mit Joghurtsoße mit Champignons und Putenstücken

Ein wunderbares Gemüsegericht mit grandioser Farbe

▶ Für 4 Personen
braucht etwas mehr Zeit 45 Min.
300 g Parboiled Reis · 1 Döschen Safran (0,1 g) · Meersalz · 1 Schalotte · 1 Knolle Ingwer · 1 Knoblauchzehe · 2 Karotten · 1 Aubergine · 1 Zucchini · Je ½ TL Koriandersamen, Kardamomsaat, 1 kleine Chilischote, getrocknet · 3 EL Olivenöl · 1 EL Limettensaft · 50 g Rosinen · Pfeffer aus der Mühle · 1 Bund Blattpetersilie · 250 g Putenbrustfilet · 200 g Champignons · 300 g Naturjoghurt, 3,5 % Fett · 4 Minzezweige

- Reis mit der 2,5-fachen Menge Salzwasser und der Hälfte der Safranfäden bissfest garen.
- Schalotte, Knoblauch und Ingwer abziehen und fein hacken. Karotten, Aubergine und Zucchini waschen, putzen bzw. schälen und in Streifen schneiden. Gewürze fein mahlen.
- 1 EL Öl in einem Topf erhitzen. Schalotte, Knoblauch und Ingwer anschwitzen. Gemüse dazugeben, 10 Minuten dünsten und mit dem Limettensaft ablöschen. Reis und Rosinen dazugeben und unterheben. Mit dem restlichen Safran und den Gewürzen abschmecken. Petersilie waschen, fein hacken und unter den Reis geben.
- Putenbrust abspülen, trocken tupfen und in Stücke schneiden. Champignons putzen und halbieren.
- Je 1 EL ÖL in zwei Pfannen erhitzen. Putenstücke und Pilze getrennt anbraten und mit Salz und Pfeffer würzen.
- Für die Joghurtsoße die Minze waschen, fein hacken und unter den Joghurt geben. Mit Salz und Pfeffer würzen.
- Reis auf vier Teller verteilen, auf zwei Teller Pute und auf die anderen Teller Pilze geben und mit der Soße servieren.

▶ Nährwerte pro Portion:

Vegetarisch	485 kcal, 15 g E, 10 g F, 80 g KH
Fleisch	600 kcal, 40 g E, 15 g F, 80 g KH

Gemüse-Hafer-Crumble mit Kräutertofu und Lachsfilet

Crumble einmal anders

▶ Für 4 Personen
braucht etwas mehr Zeit ⏲ **40 Min.**
1 Kohlrabi · 1 Pastinake · 2 Karotten · 1 Fenchelknolle · 1 kleine Knolle Ingwer · 1 Zehe Knoblauch · 2 EL Olivenöl · 100 ml Gemüsebrühe · 200 ml Sahne · Meersalz · Pfeffer aus der Mühle · 50 g Parmesan · 25 g Haselnüsse · 70 g Haferflocken · 1 EL weiche Butter · Thymian & Rosmarin, getrocknet · 200 g Kräutertofu · 250 g Lachsfilet

- Kohlrabi, Pastinake, Karotten schälen, Fenchel waschen und putzen, dabei halbieren und Strunk entfernen. Ingwer und Knoblauch schälen bzw. abziehen und fein hacken. Gemüse in Stifte und Streifen schneiden.
- 1 EL Öl in einer Pfanne erhitzen und Gemüse, Knoblauch und Ingwer darin ca. 5 Min. andünsten. Brühe und Sahne dazugeben und zugedeckt etwa 8 Min. dünsten. Mit Salz und Pfeffer würzen.
- Backofen auf 200 Grad (Umluft 180 Grad) vorheizen.
- Für die Streusel Parmesan fein reiben. Haselnüsse fein hacken. Parmesan mit den Haselnüssen, Haferflocken, Butter und dem restlichen Öl mit den Händen gut vermischen. Mit Thymian, Rosmarin, Salz und Pfeffer würzen.
- Für die vegetarische Variante Tofu in Würfel schneiden. Die Hälfte des Gemüses in eine Form und Tofu oben drauf geben. Die Hälfte der Streusel darüber verteilen.
- Für die Fischvariante Lachs abspülen, trocken tupfen und in Stücke schneiden. Das restliche Gemüse mit den Lachsstücken in die zweite Form geben und die restlichen Streusel darüber verteilen. Im Ofen etwa 15–20 Min. backen.

▶ Nährwerte pro Portion:

Vegetarisch	565 kcal, 25 g E, 40 g F, 30 g KH
Fleisch	580 kcal, 20 g E, 40 g F, 35 g KH

Gefüllte Buchweizenpfannkuchen mit Spinat mit Tofuaufschnitt und Schinken

Pikante Pfannkuchen – einfach köstlich

▶ Für 4 Personen
gelingt leicht ⏲ **25 Min.; Quellzeit**
125 g Buchweizenmehl · 125 g Weizenvollkornmehl · Meersalz · 2 Bio-Eier · 600 ml Milch · 2 EL weiche Butter · 300 g frischer Spinat · 1 Zwiebel · 1 Knoblauchzehe · 3 Tomaten · 4 EL Olivenöl · 150 g Ziegenfrischkäse · Pfeffer (frisch gemahlen) · Muskat · 4 dünne Scheiben gekochter Schinken · 4 Scheiben Tofuaufschnitt · 70 g Gouda

- Buchweizenmehl und Weizenvollkornmehl mit Salz, Eiern und Milch verquirlen, bis der Teig glatt ist. Dann die weiche Butter einarbeiten. Teig kurz quellen lassen.
- Backofen auf 200 Grad (Umluft 180 Grad) vorheizen.
- Währenddessen Spinat gründlich waschen, putzen und grob schneiden. Zwiebel und Knoblauch abziehen und fein würfeln. Die Tomaten waschen und in Würfel schneiden.
- 1 EL Öl in einer Pfanne erhitzen. Zwiebel und Knoblauch darin glasig dünsten. Spinat zugeben, andünsten, bis er zusammenfällt. Tomaten und Ziegenfrischkäse untermengen. Mit den Gewürzen abschmecken.
- In einer heißen Pfanne mit dem restlichen Öl aus dem Pfannkuchenteig ca. 12 Pfannkuchen braten.
- Sechs Pfannkuchen mit je 1 dünnen Scheibe gekochtem Schinken belegen, 2 EL Spinat darauf verteilen, aufrollen und in eine gefettete Auflaufform legen. Die restlichen Pfannkuchen mit dem Tofuaufschnitt belegen und ebenfalls mit dem Spinat füllen, aufrollen und in eine weitere Form geben. Käse reiben, beide Varianten damit bestreuen und etwa 10 Min. überbacken.

▶ Nährwerte pro Portion:

Vegetarisch	665 kcal, 30 g E, 35 g F, 60 g KH
Fleisch	680 kcal, 35 g E, 35 g F, 50 g KH

Cremige Rosmarin-Zitronen-Polenta mit knusprig gebratenen Austernpilzen und Zanderfilets

Herbe und zitronige Note

- Zwiebeln und Knoblauch abziehen und fein hacken. Rosmarin waschen, trocken schütteln und Nadeln fein hacken. Zitrone heiß abspülen, die Schale abraspeln und den Saft auspressen.
- 2 EL Öl in einem Topf erhitzen. Zwiebeln und Knoblauch andünsten. Polenta und Rosmarin zugeben und kurz mit andünsten. Mit Roséwein ablöschen, mit Zitronensaft und Brühe auffüllen, mit Salz und Pfeffer würzen und zugedeckt 10 Minuten bei kleiner Hitze quellen lassen.
- Käse fein reiben. Die Hälfte des Käses und die Zitronenschale unter die Polenta rühren und weitere 5 Min. offen quellen lassen. Mit der Sahne verfeinern.
- Die Fischfilets waschen, trocken tupfen, die Hautseite dreimal quer einschneiden. Mehl mit Salz, Pfeffer und Thymian würzen und Fisch darin mehlieren. Je 1 EL Öl in zwei Pfannen erhitzen, in der einen den Fisch auf beiden Seiten je 4 Min. braten. In der anderen Pfanne die Pilze kurz anbraten und mit Salz und Pfeffer würzen.
- Den Fisch und die Pilze auf je zwei Teller mit der cremigen Polenta anrichten und mit dem restlichen Käse bestreut servieren.

▶ Nährwerte pro Portion:

Vegetarisch	395 kcal, 15 g E, 30 g F, 15 g KH
Fleisch	490 kcal, 30 g E, 30 g F, 15 g KH

Tipp

Beginnen Sie das Braten des Fisches auf der Hautseite, so wird die Haut schön knusprig.

▶ Für 4 Personen

gelingt leicht ⏱ 20 Min.

2	Zwiebeln
1	Knoblauchzehe
2	Zweige Rosmarin
1	Bio-Zitrone
4 EL	Olivenöl
150 g	Polenta (Maisgrieß)
100 ml	Roséwein
800 ml	Gemüsebrühe
	Meersalz
	Pfeffer (frisch gemahlen)
60 g	Pecorinokäse
100 ml	Sahne
2	Zander- oder Doradenfilets (ca. 250 g mit Haut, ohne Schuppen)
1 EL	Mehl
	Thymian
250 g	Austernpilze

Kraut-Tomaten-Salat, Tzaziki und Reis mit Seitan-Gyros und Schweinefleisch-Gyros

Griechenland auf dem heimischen Tisch

▶ Für 4 Personen

gelingt leicht ⏲ **30 Min.**

300 g Seitan · 300 g Schweinenackensteak · je ½ TL Koriander, Kreuzkümmel, Pfefferkörner · je ¼ TL Oregano, Thymian, Rosmarin, Majoran · 1 TL Paprikapulver · 1 Prise Zimt · 2 Knoblauchzehen · 3 EL Olivenöl · 1 Spitzkohl · 6 Tomaten · 1 Packung Schafskäse · 1 EL Kräuteressig · Meersalz · Pfeffer (frisch gemahlen) · 300 g Parboiled Reis · 400 g Naturjoghurt, 3,5 % Fett · ½ Zwiebel · 1 Knoblauchzehe · ½ Salatgurke

- Seitan und Fleisch in dünne Streifen schneiden und jeweils in eine Schüssel geben.
- Koriander, Kreuzkümmel und Pfefferkörner mit einem Mörser zermahlen. Restliche Gewürze zugeben und vermischen. Knoblauch abziehen und fein hacken. 1 Zehe beiseite stellen. Die Hälfte der Gewürzmischung und des Knoblauchs sowie je 1 EL Öl zum Seitan und Fleisch geben. Beides gut mischen und etwa 20 Min. ziehen lassen.
- Spitzkohl und Tomaten putzen und waschen. Spitzkohl vom Strunk entfernen und in Streifen schneiden. Tomaten würfeln. Schafskäse ebenfalls in Würfel schneiden. Alles mischen und 1 EL Öl, Essig zugeben, mit Salz und Pfeffer würzen.
- Für das Tzaziki Zwiebel abziehen und fein hacken. Gurke waschen und grob raspeln. Zwiebel, restlichen Knoblauch und Gurke zum Joghurt geben und mit Salz und Pfeffer abschmecken.
- Reis in Salzwasser bissfest garen.
- Zwei Pfannen erhitzen, den Seitan und das Fleisch jeweils kräftig anbraten. Gyros zum Salat mit Tzaziki servieren.

▶ Nährwerte pro Portion:

Vegetarisch	710 kcal, 50 g E, 20 g F, 80 g KH
Fleisch	740 kcal, 50 g E, 30 g F, 70 g KH

Klassiker

Pizza mit Pilzen und Schinken

Pizza ist fertig!

▶ Für 4 Personen
braucht etwas mehr Zeit
20 Min.; 30 Min. Gehzeit; 15 Min. Backzeit
500 g Weizenmehl · 1 Päckchen Backhefe (trocken oder frisch) · Thymian, getrocknet · 1 TL Zucker · ½ TL Meersalz · 4 EL Olivenöl · 250 ml lauwarmes Wasser · 1 Dose Pizzatomaten · 1 TL Kräuter der Provence · Pfeffer (frisch gemahlen) · 2 Zwiebeln · 2 Kugeln Mozzarella · 200 g Pilze (Pfifferlinge, Kräuterseitlinge) · 6 Scheiben gekochter Schinken (120 g)

- Für den Teig Mehl, Hefe, Thymian, Zucker, Salz, 3 EL Öl mit dem Wasser zu einem glatten Teig verarbeiten. 30 Min. zugedeckt an einem warmen Ort gehen lassen.
- Backofen auf 200 Grad (Umluft 180 Grad) vorheizen.
- Für den Belag die Pizzatomaten mit dem restlichen Öl, Kräutern, Salz und Pfeffer würzen. Die Zwiebeln abziehen und in dünne Ringe schneiden. Mozzarella in dünne Scheiben schneiden. Pilze putzen und in Scheiben schneiden.
- Teig nach dem Gehen noch einmal durchkneten, vierteln und zu vier dünnen runden Pizzafladen ausrollen. Auf zwei mit Backpapier ausgelegte Bleche legen. Tomaten auf den Fladen verteilen und glatt streichen. Die Fladen mit Käse und Zwiebel belegen. Auf zwei die Pilze und auf die andern zwei den Schinken legen.
- Im Backofen etwa 15 Min. goldbraun backen.

▶ Nährwerte pro Portion:

Vegetarisch	765 kcal, 35 g E, 25 g F, 100 g KH
Fleisch	850 kcal, 45 g E, 30 g F, 100 g KH

Fladenbrot mit Chili sin Carne und Chili con Carne

Schön scharf und lecker!

▶ Für 4 Personen
braucht etwas mehr Zeit 40 Min.
125 g Sojagranulat (TVP) · 1 Zwiebel · 1 Knoblauchzehe · 1 Aubergine · 1 Chilischote · ½ TL Koriandersamen · 3 EL Sonnenblumenöl · 1 Dose Kidney-Bohnen · 1 kleine Dose Mais · 2 Dosen passierte Tomaten · 2 EL Tomatenmark · Meersalz · Pfeffer (frisch gemahlen) · ½ TL Paprikapulver · 1 Prise Zimt · 300 g Rinderhackfleisch · 200 g saure Sahne · 1 Fladenbrot (240 g)

- Sojagranulat in heißem Wasser 5–10 Min. einweichen und abtropfen lassen. Zwiebel und Knoblauch abziehen und würfeln. Aubergine waschen und in Würfel schneiden. Chilischote waschen, längs aufschneiden, Kerne und Innenhäutchen entfernen und fein hacken. Koriander zermahlen.
- 1 EL Öl in einem Topf erhitzen. Zwiebel, Knoblauch, Chili und Koriander andünsten. Auberginen zugeben und etwa 5 Min. mit andünsten. Dosen mit Bohnen und Mais öffnen, Wasser abgießen und abspülen. Gemüse zugeben und weitere 5 Min. andünsten. Tomatendosen öffnen und mit dem Tomatenmark zu dem Gemüse geben. Chiligemüse etwa 10 Min. bei mittlerer Hitze zugedeckt kochen lassen. Mit Salz, Pfeffer, Paprikapulver und Zimt würzen.
- Je 1 EL Öl in zwei Töpfen oder Pfannen erhitzen. Fleisch und Sojagranulat getrennt anbraten. Je eine Hälfte des Chiligemüses in die beiden Töpfe geben und vermengen. Beide Chilivarianten noch einmal ca. 10 Min. köcheln lassen und mit Salz und Pfeffer abschmecken.
- Chilis mit saurer Sahne und Fladenbrot servieren.

▶ Nährwerte pro Portion:

Vegetarisch	685 kcal, 35 g E, 20 g F, 65 g KH
Fleisch	530 kcal, 35 g E, 25 g F, 45 g KH

Ofenkartoffeln mit Auberginenröllchen und Putenröllchen

Kleine Röllchen mit einer leckeren Füllung

- Backofen auf 200 Grad (Umluft 180 Grad) vorheizen. Kartoffeln waschen, vierteln, auf ein Backblech legen, mit 2 EL Öl beträufeln und mit Rosmarin bestreuen. Mit Salz und Pfeffer würzen und miteinander vermengen. Kartoffeln etwa 20–30 Min. im Backofen backen und gelegentlich wenden.
- Für die vegetarische Variante Auberginen waschen, putzen und längs in etwa 6–8 dünne Scheiben schneiden. 2 EL Öl in einer Pfanne erhitzen und Scheiben darin anbraten. Auf Küchenpapier abtropfen und auskühlen lassen.
- Zwiebel und Knoblauch abziehen und in Stücke schneiden. Käse und getrocknete Tomaten in Stücke schneiden. Käse, Tomatenmark, Zwiebeln, Knoblauch, getrocknete Tomaten, Brühe und Gewürze für die Füllung in ein hohes Gefäß geben und fein pürieren (falls es zu dick ist, noch etwas Wasser dazugeben).
- Auberginenscheiben und Putenschnitzel nebeneinander legen, mit je 1 EL Paste bestreichen und zusammenrollen. Röllchen in zwei unterschiedliche gefettete Auflaufformen geben, 15–20 Min. im Ofen backen. Die Röllchen können Sie auch mit einem Zahnstocher fixieren und in einer Pfanne braten.
- Joghurt mit Schmand gut verrühren. Basilikum waschen, trocken schütteln und fein hacken. Basilikum unter die Creme rühren und mit Salz und Pfeffer würzen. Röllchen zu den Ofenkartoffeln mit dem Dip servieren.

▶ Nährwerte pro Portion:

Vegetarisch	500 kcal, 15 g E, 35 g F, 35 g KH
Fleisch	555 kcal, 50 g E, 25 g F, 30 g KH

▶ Für 4 Personen

braucht etwas mehr Zeit ⏲ 45 Min.

600 g Kartoffeln
4 EL Olivenöl
½ TL Rosmarin, getrocknet
Meersalz, Pfeffer (frisch gemahlen), Paprikapulver
1 große Aubergine
1 Zwiebel
1 Knoblauchzehe
150 g Schafskäse
4 getrocknete Tomaten
3 EL Tomatenmark
2 EL Gemüsebrühe oder Wasser
Oregano und Thymian, getrocknet
4 Stück dünne Putenschnitzel (à ca. 80 g)
200 g Naturjoghurt, 3,5 % Fett
100 g Schmand
1 Bund Basilikum

Bandnudeln mit Pilz-Stroganoff und Boeuf-Stroganoff

Lieblingsspeisen Ihrer Familie

▶ Für 4 Personen

gelingt leicht ⏲ 20 Min.

250 g Rinderhüftsteak
300 g Champignons, braun
200 g Austernpilze
1 rote Zwiebel
2 Karotten
2 EL Olivenöl
1 EL Aceto balsamico Bianco
200 ml Sahne
200 ml Gemüsebrühe
Rosmarin, Majoran, Paprikapulver
Kümmel, gemahlen
Meersalz
Pfeffer (frisch gemahlen)
500 g Bandnudeln
1 EL Butter
1 Bund Schnittlauch

- Fleisch in ½ cm breite Scheiben, danach in 1-cm-Streifen schneiden. Champignons und Austernpilze putzen und klein schneiden. Zwiebel abziehen, halbieren und in Scheiben schneiden. Karotten schälen und in kleine Würfel scheiden.
- 1 EL Öl in einer Pfanne erhitzen. Zwiebeln und Karotten darin andünsten. Champignons zugeben und mit andünsten. Mit dem Essig ablöschen, mit Sahne und Brühe angießen. Mit Rosmarin, Majoran, Paprikapulver und Kümmel würzen.
- Für die vegetarische Variante 1 EL Öl in einer Pfanne erhitzen und Austernpilze darin ca. 7 Min. anbraten. Herausnehmen, einen weiteren EL Öl in der Pfanne erhitzen und die Rinderstreifen anbraten. Die Hälfte der Champignonsoße hinzufügen, mit Salz und Pfeffer abschmecken.
- Zu der anderen Hälfte die Austernpilze dazugeben und ebenfalls mit Salz und Pfeffer abschmecken.
- Nebenher die Nudeln in reichlich Salzwasser bissfest kochen. Schnittlauch waschen, trocken schütteln und in Röllchen schneiden. Vor dem Servieren die Nudeln in Butter schwenken und mit Schnittlauchröllchen bestreuen. Nudeln zu den Stroganoff-Varianten servieren.

▶ Nährwerte pro Portion:

Vegetarisch	745 kcal, 25 g E, 30 g F, 100 g KH
Fleisch	875 kcal, 50 g E, 35 g F, 95 g KH

Tipp

Austernpilze haben einen feinen Geschmack. Sie sind besonders reich an B-Vitaminen und Vitamin D. Darüber hinaus enthalten sie jede Menge Eiweiß.

Penne mit Tomatensoße mit überbackenen Bällchen mit Linsen und Rinderhackfleisch

Bällchen mit Käsehaube

▶ Für 4 Personen

braucht etwas mehr Zeit

20 Min.; 20–30 Min. Backzeit

100 g Linsen
1 Zwiebel
1 Knoblauchzehe
250 g Cocktailtomaten
2 Bio-Eier
8 EL Semmelbrösel
2 EL Senf
Chiliflocken
mediterrane Kräuter
250 g mageres Rindergehacktes
600 ml passierte Tomaten
4 EL Tomatenmark
100 ml Sahne
Meersalz
Pfeffer (frisch gemahlen)
100 g Gouda oder Emmentaler
500 g Vollkorn-Penne

- Linsen in der doppelten Menge Wasser ca. 10–15 Min. weich garen und anschließend abkühlen lassen. Zwiebel und Knoblauch schälen und in kleine Würfel schneiden.
- Tomaten waschen.
- Backofen auf 200 Grad (Umluft 180 Grad) vorheizen.
- Für die vegetarische Variante die Linsen mit 1 Ei und einer Hälfte der Zwiebeln, Knoblauch und Semmelbrösel vermischen. Mit 1 EL Senf, Salz, Pfeffer, Chiliflocken und Kräutern würzen.
- Das Rinderhackfleisch ebenfalls wie die Linsen mit den restlichen Zutaten vermischen und wie die vegetarische Variante würzen. Aus den beiden Massen jeweils 8–10 kastaniengroße Bällchen formen und getrennt in zwei Auflaufformen geben. Je die Hälfte der Tomaten zugeben.
- Die passierten Tomaten mit dem Tomatenmark und der Sahne verrühren sowie mit den Gewürzen abschmecken. Käse fein reiben. Die Tomatensoße über die Bällchen geben, mit dem Käse bestreuen. Beide Auflaufformen im Backofen ca. 20–30 Min. im Ofen garen.
- Wärenddessen die Pasta in Salzwasser ca. 8 Min. bissfest garen und anschließend zu den überbackenen Bällchen servieren.

▶ Nährwerte pro Portion:

Vegetarisch	860 kcal, 40 g E, 25 g F, 120 g KH
Fleisch	860 kcal, 55 g E, 30 g F, 95 g KH

Tipp

In den Tomaten aus der Dose stecken auch jede Menge Vitalstoffe. Gerade der sekundäre Pflanzenstoff Lycopin ist noch mehr in der gekochten Form der Tomate vorhanden, da die Tomaten für diese Verarbeitung in reifem Zustand geerntet werden. Lycopin schützt als antioxidative Substanz unsere Zellen.

Kartoffelklöße mit Maronen-Seitan-Gulasch und Maronen-Rinder-Gulasch

Ein klassisches Sonntagsgericht

- Für das Gulasch Knoblauch und Zwiebel abziehen und fein hacken. Je die Hälfte in Schälchen geben. Rindfleisch und Seitan jeweils in Würfel schneiden und separat beiseite stellen. In zwei Pfannen je 1 EL Öl erhitzen. Zwiebeln und Knoblauch im Öl andünsten. Fleisch in die eine, Seitan in die andere Pfanne geben und mit anbraten. In beide Pfannen je 1 EL Tomatenmark zugeben und karamellisieren lassen. Beides mit je 1 EL Mehl bestäuben, dabei immer rühren. Mit je 100 ml Rotwein ablöschen und mit jeweils 200 ml Gemüsebrühe auffüllen. Jeweils eine Hälfte Maronen und Gewürze zugeben und etwa 15–20 Min. zugedeckt köcheln lassen.
- Inzwischen Toastbrotscheibe würfeln. Butter in einer Pfanne erhitzen. Brotwürfel darin unter Wenden knusprig braten, herausnehmen und auf Küchenpapier abtropfen lassen. Petersilie waschen, trocken schütteln und fein hacken.
- Kartoffelteig zu acht gleich großen Kugeln formen, mit den Händen platt drücken, jeweils einige Brotwürfel in die Mitte des Teigs geben und Teig um die Würfel drücken. Klöße formen und in leicht kochendes Salzwasser geben, kurz aufkochen und ca. 20 Min. in heißem Wasser ziehen lassen. Kartoffelknödel mit einer Schaumkelle herausnehmen und abtropfen lassen.
- Gulasch zum Abschluss mit Salz, Pfeffer und je 1 TL Kakaopulver abschmecken. Petersilie waschen, trocken schütteln und fein hacken. Klöße mit Petersilie bestreuen bzw. garnieren. Gulasch mit den Klößen servieren.

▶ Nährwerte pro Portion:

Vegetarisch	700 kcal, 30 g E, 20 g F, 90 g KH
Fleisch	780 kcal, 40 g E, 30 g F, 80 g KH

▶ Für 4 Personen

braucht etwas mehr Zeit ⏱ 60 Min.

- 1 Knoblauchzehe
- 1 Zwiebel
- 300 g Rinderhüfte
- 200 g Seitan
- 2 EL Olivenöl
- 2 EL Tomatenmark
- 2 EL Mehl
- 200 ml Rotwein
- 400 ml Gemüsebrühe
- 400 g Maronen (vorgegart, vakuumiert)
- 2 Lorbeerblätter
- 4 Wacholderbeeren, Pfefferkörner
- 1 Scheibe Toastbrot
- 1 TL Butter
- 1 Packung Kloßteig „Thüringer Art" (750 g)
- Meersalz
- Pfeffer (frisch gemahlen)
- 2 TL Kakaopulver
- ½ Bund Petersilie

Spaghetti Carbonara mit Räuchertofu und Speck

So einfach, so lecker

▶ Für 4 Personen

gelingt leicht ⏲ 15 Min.

1 rote Zwiebel · 60 g Räuchertofu · 60 g Pancetta oder Frühstücksspeck · 60 g Pecorinokäse · 4 Bio-Eier · 200 g Sahne · Meersalz · Pfeffer (frisch gemahlen) · 500 g Vollkorn-Spaghetti · ½ Bund Blattpetersilie

- Zwiebel abziehen und in Streifen schneiden. Räuchertofu und Speck separat in feine Streifen schneiden. Tofu und Speck mit der Hälfte Zwiebeln in zwei Pfannen bei mittlerer Hitze 1–2 Min. knusprig braten.
- Pecorino fein reiben. Die Hälfte des Käses mit Eiern und Sahne in einer Schüssel verquirlen. Mit Salz und Pfeffer würzen.
- Spaghetti in reichlich kochendem Salzwasser etwa 8 Min. bissfest garen und abgießen. In einer Pfanne die Hälfte Spaghetti mit dem Speck und in der anderen die restlichen Spaghetti mit dem Räuchertofu mischen. Je eine Hälfte Käse-Ei-Sahne dazugeben, alles kräftig vermischen und sofort mit dem restlichen Käse, Petersilie und Pfeffer servieren.

▶ Nährwerte pro Portion:

Vegetarisch	1020 kcal, 45 g E, 30 g F, 145 g KH
Fleisch	1030 kcal, 45 g E, 30 g F, 150 g KH

Tipp

Statt Pecorinokäse kann auch Bergkäse oder Parmesan verwendet werden. Die Mischung darf nicht mehr kochen, da sonst das Eiweiß gerinnt.

Ofenpommes und Zitronenmayonnaise mit Fish'n Chips und „Austern'n Chips“

Die feine englische Art

▶ Für 4 Personen

braucht etwas mehr Zeit ⏲ 20 Min.; 30 Min. Backzeit

800 g große Kartoffeln · 2 EL Olivenöl · Meersalz · Pfeffer (frisch gemahlen) · Paprikapulver · 50 g Mehl · 3 EL Speisestärke · ½ TL Backpulver · 1 Bio-Ei · 1 Bio-Zitrone · Currypulver · 8 große Austernpilze · 250 g Seelachsfilet · 4 EL Sonnenblumenöl · 6 EL Mayonnaise

- Backofen auf 200 Grad (Umluft 180 Grad) vorheizen.
- Kartoffeln schälen, waschen, in Stifte schneiden. In einer Schüssel mit 2 EL Öl und den Gewürzen vermischen und auf einem mit Backpapier ausgelegten Backblech flach ausbreiten. Im Backofen ca. 30 Min. backen, zwischendurch wenden.
- Für den Backteig Mehl, Stärke und Backpulver mischen. Mehlmischung mit dem Ei und 100 ml Wasser glatt rühren. Zitrone heiß abspülen, Schale abreiben und Saft auspressen. Backteig mit der Hälfte des Zitronensafts, Salz, Pfeffer und Curry würzen. Austernpilze putzen. Fisch waschen, trocken tupfen und in Portionsstücke schneiden.
- 4 EL Öl in einer großen Pfanne erhitzen. Erst die Pilze und dann den Fisch durch den Teig ziehen und portionsweise im heißen Fett ca. 5 Min. ausbacken.
- Inzwischen Mayonnaise mit Zitronenschale, Zitronensaft, Salz und Pfeffer abschmecken.

▶ Nährwerte pro Portion:

Vegetarisch	560 kcal, 15 g E, 30 g F, 60 g KH
Fleisch	655 kcal, 35 g E, 30 g F, 60 g KH

Gefüllte Auberginen mit Parmesan überbacken mit Linsen und Rinderhackfleisch

Auberginen mit Parmesan – Harmonie der Extraklasse

▶ Für 4 Personen

braucht etwas mehr Zeit ⏲ 50 Min.

- 60 g Berglinsen
- 2 große Auberginen
- 3 EL Olivenöl
- 10 Oliven, grün und entsteint
- 2 Tomaten
- 1 Zwiebel
- 150 g Rinderhackfleisch
- Meersalz
- Pfeffer (frisch gemahlen)
- Thymian, getrocknet
- 100 g Parmesan
- 150 g Ziegenfrischkäse
- 1 Becher Naturjoghurt, 3,5 % Fett
- 3 Zweige Basilikum

- Backofen auf 200 Grad (Umluft 180 Grad) vorheizen.
- Linsen in der doppelten Menge Wasser etwa 20–30 Min. weich garen. Auberginen längs halbieren und mit einem Löffel entkernen. Kerngehäuse beiseite stellen. Auberginen auf ein Backblech oder in eine große Auflaufform legen, mit 2 EL Olivenöl beträufeln und bei etwa 200 Grad 15 Min. im Ofen garen.
- Oliven fein hacken. Tomaten putzen, waschen und in kleine Würfel schneiden. Zwiebel abziehen und fein hacken. Auberginenkerngehäuse in kleine Würfel schneiden. 1 EL Öl in einer Pfanne erhitzen und Gemüse darin anbraten. Die Hälfte des Gemüses mit den Linsen und die andere Hälfte mit dem Hackfleisch vermengen und mit Salz, Pfeffer und Thymian abschmecken.
- Linsenmischung in zwei Auberginenhälften füllen. Die Hackfleischmischung in die restlichen Auberginen geben. Parmesan fein reiben, Auberginen bestreuen und im Ofen noch einmal ca. 15 Min. überbacken.
- Frischkäse mit Joghurt glatt rühren. Mit Salz und Pfeffer würzen. Basilikum waschen, trocken schütteln, fein schneiden und über den Dip streuen. Dip zu den Auberginen servieren.

▶ Nährwerte pro Portion:

Vegetarisch	390 kcal, 25 g E, 20 g F, 25 g KH
Fleisch	390 kcal, 30 g E, 25 g F, 10 g KH

Tipp

Auberginen lassen sich auch mit Reis, Hirse oder Couscous füllen.

Gemüse im Päckchen mit Schafskäsecreme mit Austernpilzen und Fisch

Highlight für den Gaumen

- Backofen auf 200 Grad (Umluft 180 Grad) vorheizen.
- Lauch, Kürbis und Romanesco putzen und waschen. Lauch in Streifen schneiden. Kürbis mit einem Löffel entkernen und in Scheiben schneiden. Romanesco in kleine Röschen teilen. Tomaten putzen und waschen.
- Zwiebel abziehen und fein hacken. Schafskäse in kleine Würfel schneiden und mit den Zwiebeln, Senf und Crème fraîche vermischen. Mit Salz und Pfeffer würzen. Thymian waschen und trocken schütteln.
- Fischfilets abspülen und trocken tupfen. Austernpilze putzen und in Stücke schneiden.
- Die vier Backpapierteile auf dem Küchentisch auslegen. Jeweils das Gemüse, die Schafskäsecreme und die Thymianzweige darauf verteilen. Auf zwei Papierstücke den Fisch und auf zwei Stücke die Pilze legen. Alles mit je 1 TL Öl beträufeln, mit Salz und Pfeffer würzen. Papier einschlagen und mit dem Garn Päckchen packen.
- Päckchen in eine Auflaufform legen und etwa 20 Min. im Ofen garen.

▶ Nährwerte pro Portion:

Vegetarisch	230 kcal, 15 g E, 15 g F, 15 g KH
Fleisch	325 kcal, 35 g E, 15 g F, 10 g KH

Tipp

Dazu passen frisches Brot oder Kartoffeln. Das Verpacken mit Backpapier ist die kostengünstige und umweltfreundliche Variante. Und dazu noch dekorativ auf dem Teller. Zum Verschließen eignet sich Küchengarn. Wer das Päckchen auf den Grill legen möchte, kann statt Backpapier Alufolie verwenden.

▶ Für 4 Personen

gelingt leicht ⏲ 30 Min.

1 kleine Stange Lauch
½ Hokkaidokürbis
1 Romanesco
16 Kirschtomaten
½ Zwiebel
100 g Schafskäse
1 TL Senf
2 EL Crème fraîche
Meersalz
Pfeffer (frisch gemahlen)
4 Zweige Zitronenthymian
2 Seelachsfilets (à 125 g)
200 g Austernpilze
4 Stücke Backpapier (20 x 20 cm)
4 TL Olivenöl
8 Garnstücke à 10 cm

Sesam-Ofenkartoffeln und Basilikum-Tomatendip mit mediterranen Spießen mit Halloumikäse und Hähnchenbrustfilet

Gar nicht spießig

- Holzspieße in Wasser einweichen.
- Backofen auf 200 Grad (Umluft 180 Grad) vorheizen.
- Getrocknete Tomaten in etwas Wasser einweichen. Kartoffeln gründlich waschen, vierteln, auf ein Backblech legen, mit 2 EL Öl beträufeln und Sesam bestreuen. Knoblauch abziehen, fein hacken und zu den Kartoffeln geben. Mit Gewürzen abschmecken und miteinander vermengen. Kartoffeln etwa 20–30 Min. im Backofen backen und gelegentlich umrühren.
- Basilikum waschen und trocken schütteln. Basilikum, eingeweichte Tomaten, Crème fraîche und Joghurt mit einem Stabmixer pürieren. Mit Salz und Pfeffer abschmecken.
- Für die Spieße Zucchini putzen, waschen, längs halbieren und in dicke Scheiben schneiden. Zwiebeln abziehen, halbieren und Zwiebelschichten auseinandernehmen. Tomaten waschen. Gemüsemenge halbieren. Rosmarinzweige waschen, trocken schütteln und Nadeln hacken.
- Für die vegetarische Variante Käse in Würfel schneiden und separat legen. Mit Pfeffer und Rosmarin würzen. Auf die Spieße abwechselnd Gemüse und den Käse stecken. Mit nur einer kleinen Prise Meersalz bestreuen, da der Käse sehr würzig ist.
- Für die Fleischvariante Hähnchenbrust waschen, trocken tupfen und in Würfel schneiden. Mit Pfeffer und Rosmarin würzen. Für den Fleischspieß ebenfalls abwechselnd Gemüse und Hähnchenwürfel auf die Spieße stecken. Mit 1 Prise Meersalz bestreuen.
- Restliches Öl in einer Pfanne erhitzen und erst die vegetarischen Spieße von allen Seiten anbraten, in eine Auflaufform legen und zum Warmhalten zu den Kartoffeln in den Ofen geben. Dann die Hähnchenspieße anbraten.
- Kartoffeln mit dem Dip und je drei Spießen servieren.

▶ Nährwerte pro Portion:

Vegetarisch	500 kcal, 20 g E, 45 g F, 10 g KH
Fleisch	415 kcal, 30 g E, 30 g F, 10 g KH

▶ Für 4 Personen

braucht etwas mehr Zeit ⏲ 40 Min.

12 Holzspieße
5 getrocknete Tomaten
600 g Kartoffeln
1 Knoblauchzehe
4 EL Olivenöl
1 EL Sesamsaat
Meersalz
Pfeffer (frisch gemahlen)
1 Bund Basilikum
200 g Crème fraîche
1 Becher Naturjoghurt, 3,5 % Fett
1 große Zucchini
2 Zwiebeln
250 g Cocktailtomaten
100 g Halloumikäse
2 Zweige Rosmarin
200 g Hähnchenbrustfilet

Limetten-Stampfkartoffeln und Gurken-Sprossen-Salat mit Linsenfrikadellen und Fischfrikadellen

Frikadellen mal anders

▶ Für 4 Personen

braucht etwas mehr Zeit ⏲ 40 Min.

- 200 g rote Linsen
- 800 g Kartoffeln
- 250 g Seelachsfilet
- 1 kleine Zwiebel
- 2 Bio-Eier
- 2 TL Senf
- Meersalz
- Pfeffer (frisch gemahlen)
- 8 EL Semmelbrösel
- 2 Gurken
- 40 g Sprossenmix
- 3 Zweige Basilikum
- 1 Becher Naturjoghurt, 3,5 % Fett
- 4 EL Olivenöl
- Muskat, gerieben
- 2 EL Limettensaft
- 1 Bund Blattpetersilie

- Linsen in der doppelten Menge Wasser ca. 15 Min. garen. Kartoffeln schälen, waschen, klein schneiden und in reichlich Salzwasser ca. 20 Min. weich garen.
- Seelachs waschen, trocken tupfen, klein schneiden und mit einem Stabmixer pürieren.
- Zwiebel schälen und fein hacken. Fisch mit einem Ei, 2 TL Senf, Gewürzen, der Hälfte der Zwiebeln und 3 EL Paniermehl vermischen, bis die Masse formbar ist. Masse zu sechs Frikadellen formen.
- Linsen ebenfalls mit einem Ei, 1 TL Senf, Gewürzen, den restlichen Zwiebeln und 3 EL Paniermehl vermischen, bis die Masse formbar ist. Masse zu sechs Frikadellen formen.
- Gurken waschen und in Scheiben hobeln. Sprossen und Basilikum waschen und trocken schütteln. Basilikum fein hacken. Joghurt, Salz, Pfeffer und Basilikum vermischen. Sprossen mit den Gurkenscheiben vermengen.
- Je 2 EL Öl in zwei Pfannen erhitzen und die Frikadellen darin braten.
- Wenn die Kartoffeln weich sind, zerstampfen und mit den Gewürzen und dem Limettensaft abschmecken. Blattpetersilie waschen, trocken schütteln, hacken und unterheben. Salat mit Joghurtdressing, Frikadellen und Kartoffelstampf servieren.

▶ Nährwerte pro Portion:

Vegetarisch	645 kcal, 35 g E, 15 g F, 90 g KH
Fleisch	465 kcal, 35 g E, 20 g F, 40 g KH

Tipp

Für die vegetarischen Frikadellen eignen sich auch gelbe Linsen.

Spinatquiche mit Räuchertofu und Schinken

Quiche mit Pfiff

- Aus Mehl, Butter, Eigelb, Wasser, Salz und Pfeffer einen Mürbeteig herstellen, zu einer Kugel rollen, in Frischhaltefolie einwickeln und mindestens eine halbe Stunde kühlen.
- Spinat gründlich waschen, putzen und abtropfen lassen. Knoblauch abziehen und fein hacken, dann in erhitztem Öl andünsten, den Spinat hinzugeben und bei schwacher Hitze zusammenfallen lassen. Anschließend grob hacken und mit Salz, Pfeffer würzen. Die Frühlingszwiebel waschen, putzen und in feine Ringe schneiden.
- Backofen auf 180 Grad (Umluft 160 Grad) vorheizen.
- Sahne, Crème fraîche und Eier miteinander verrühren und abschmecken. Schafskäse in Würfel schneiden. Den Teig aus dem Kühlschrank nehmen, ausrollen und in eine gefettete Springform legen, mehrmals mit einer Gabel einstechen. Anschließend Spinat darauf verteilen. Eiermischung darübergießen. Zwiebeln, Schafskäse und Sonnenblumenkerne darüberstreuen. Quiche im vorgeheizten Ofen ca. 35–40 Min. backen (bis sie oben leicht braun ist).
- Schinkenspeck und Räuchertofu in Streifen schneiden und in zwei Pfannen mit je 1 TL Öl kross anbraten. Schinkenspeck auf die Hälfte der Quiche und Tofu auf die andere Hälfte verteilen.

▶ Nährwerte pro Stück:

Vegetarisch	310 kcal, 10 g E, 25 g F, 15 g KH
Fleisch	315 kcal, 10 g E, 25 g F, 15 g KH

Tipp

Eine Quiche lässt sich gut vorbereiten. Ein kleiner Salat passt gut dazu.

▶ Für eine Form (ca. 10 Stück)

gut vorzubereiten ⏲ 50 Min.

200 g Dinkelvollkornmehl
125 g Butter
1 Bio-Eigelb
1–2 EL Wasser
Meersalz
Pfeffer (frisch gemahlen)
500 g frischer Spinat (oder TK-Blattspinat)
1 Knoblauchzehe
1 EL Öl
1 Bund Frühlingszwiebeln
200 g saure Sahne
2 EL Crème fraîche
4 Bio-Eier
50 g Schafskäse
2 EL Sonnenblumenkerne
50 g Schinkenspeck
50 g Räuchertofu
2 TL Olivenöl

Rote-Bete-Gemüse mit Linsenfrikadellen und Rinderfrikadellen

Orientalischer Genuss!

▶ Für 4 Personen

gelingt leicht ⏲ 30 Min.

200 g rote Linsen
1 Brötchen vom Vortag
600 g Rote Bete
2 rote Zwiebeln
3 EL Olivenöl
1 Schalotte
1 Knolle Ingwer
je 1 TL Koriander- und Kreuzkümmelsamen
½ Bund Blattpetersilie
300 g Rinderhackfleisch
2 Bio-Eier
4 EL Semmelbrösel
Meersalz
Pfeffer (frisch gemahlen)
1 EL Limettensaft
2 EL Sesamsamen, geröstet
400 g Instant-Couscous
8 EL Naturjoghurt, 3,5 % Fett

- Rote Linsen in der doppelten Menge Wasser ca. 15 Min. garen (Einweichen nicht notwendig). Brötchen in Stücke brechen und in Wasser einweichen.
- Die Rote Bete schälen, zuerst in Scheiben, dann in Stifte schneiden (am besten mit Küchenhandschuhen arbeiten, da die Rote Bete stark färbt). Zwiebeln abziehen, halbieren und in Streifen schneiden. 1 EL Öl in einem Topf erhitzen, Zwiebeln darin andünsten. Rote Bete dazugeben und mit andünsten. Mit etwas Wasser angießen und 15–20 Min. zugedeckt weich dünsten. Gelegentlich umrühren.
- Schalotte und Ingwer abziehen und fein hacken. Die Koriander- und Kreuzkümmelsamen im Mörser grob zerstoßen. Petersilie waschen, trocken schütteln und fein hacken.
- Die Linsen in ein Sieb abgießen und abtropfen lassen. Brötchen aus dem Wasser nehmen und ausdrücken.
- Linsen und Hackfleisch in zwei Schüsseln geben. Beides mit je der Hälfte des Brötchens, der Schalotten, des Ingwers, der Petersilie, dem Ei und den Semmelbröseln vermengen. Mit Salz, Pfeffer und Gewürzen abschmecken. Aus beiden Massen je acht Frikadellen formen, leicht platt drücken und auf einem Küchenbrett bereitstellen. Je 1 EL Öl in zwei Pfannen erhitzen. Frikadellen etwa 5–7 Min. knusprig braten und dabei wenden. Herausnehmen und auf Küchenpapier abtropfen lassen.
- Couscous mit der doppelten Menge kochendem Salzwasser aufgießen und 5 Min. quellen lassen. Anschließend würzen.
- Rote Bete mit Limettensaft, Sesam, Koriander, Salz und Pfeffer abschmecken und mit den Frikadellen, Couscous und je 2 EL Joghurt servieren.

▶ Nährwerte pro Portion:

Vegetarisch 945 kcal, 45 g E, 15 g F, 150 g KH
Fleisch 820 kcal, 50 g E, 20 g F, 100 g KH

Reis mit Tomatensoße und gefüllte Paprikaschoten mit Buchweizen und Hackfleisch

Paprikaschoten – ein Hit!

▶ Für 4 Personen
braucht etwas mehr Zeit
20 Min.; 45 Min. Backzeit

100 g Buchweizenkörner
Meersalz
1 Vollkornbrötchen vom Vortag
4 rote Paprikaschoten (à ca. 200 g)
2 Zwiebeln
7 Zweige Rosmarin
200 g gemischtes Hackfleisch
Pfeffer (frisch gemahlen)
2 EL Olivenöl
200 ml Gemüsebrühe
300 g Parboiled Reis
1 Schalotte
1 Knoblauchzehe
1 Dose stückigen Tomaten
getrocknete italienische Kräuter

- Buchweizen in der doppelten Menge Salzwasser ca. 10 Min. bei kleiner Hitze köcheln und 10 Min. quellen lassen.
- Brötchen halbieren und in Wasser einweichen. Paprika waschen, den Deckel abschneiden, beiseite legen und Kerngehäuse entfernen. Nach Bedarf den Boden der Paprika anschneiden damit sie besser stehen.
- Zwiebeln abziehen und in feine Würfel schneiden. Rosmarinzweige waschen, trocken schütteln und Nadeln klein hacken.
- Backofen auf 200 Grad (Umluft 180 Grad) vorheizen.
- Hackfleisch mit einem halben ausgedrückten Brötchen und Hälfte der Zwiebeln gut verkneten und mit Salz, Pfeffer und der Hälfte des gehackten Rosmarins würzen. Hack in zwei Paprika füllen.
- Buchweizen mit der anderen Hälfte des Brötchens und der Zwiebel gut verkneten, mit Salz, Pfeffer und dem restlichen gehackten Rosmarin würzen. Buchweizenmasse in zwei Paprika füllen.
- 1 EL Öl in einer Pfanne erhitzen. Die vegetarische Paprika und 3 Rosmarinzweige unter Wenden ca. 3 Min. kräftig anbraten. Paprika in eine Auflaufform geben und mit 100 ml Brühe angießen. Dann die Paprika mit der Fleischfüllung und 3 Rosmarinzweigen unter Wenden ca. 3 Min. anbraten. Auch in eine Auflaufform geben und restliche Brühe angießen.
- Paprika im vorgeheizten Backofen ca. 45 Min. garen. Nach 30 Min. Garzeit die Paprikadeckel dazulegen.
- Inzwischen Reis in der dreifachen Menge Salzwasser ca. 15 Min. weich garen. Dann Schalotte und Knoblauch abziehen und hacken. 1 EL Öl erhitzen. Knoblauch und Schalotte glasig dünsten. Dose öffnen und Tomaten dazugeben, aufkochen und mit Salz, Pfeffer und italienischen Kräutern würzen.
- Gefüllte Paprika mit Deckel, Reis und der Soße auf Tellern anrichten. Mit dem mitgegarten Rosmarin garnieren.

▶ Nährwerte pro Portion:

Vegan	585 kcal, 15 g E, 10 g F, 110 g KH
Fleisch	645 kcal, 30 g E, 25 g F, 75 g KH

Zucchini mit Nussbutter gefüllt mit Polenta und Rinderhackfleisch

Für den Sommer – gefüllte Zucchini

- Backofen auf 200 Grad (Umluft 180 Grad) vorheizen.
- Zwiebel und Knoblauch abziehen und fein hacken. Olivenöl in einem Topf erhitzen und die Hälfte der Zwiebel und des Knoblauchs glasig dünsten. Polenta zugeben, ½ Liter Salzwasser unter Rühren mit dem Schneebesen aufgießen und aufkochen. Polenta bei kleiner Hitze ca. 10 Min. quellen lassen.
- Parmesan fein reiben. Tomaten in feine Streifen schneiden. Kräuter waschen, trocken schütteln und klein schneiden. Zucchini waschen, längs halbieren und Kerngehäuse mit einem Löffel herausschaben. Zucchini mit Salz und Pfeffer würzen.
- Je die Hälfte der Tomaten, Kräuter und 40 g Parmesan unter die Polenta und das Hackfleisch geben und vermengen. Die restliche Zwiebel und Knoblauch unter das Hackfleisch geben und vermengen. Beides mit Salz und Pfeffer abschmecken.
- Zucchini in zwei Auflaufformen setzen. Zwei Zucchini mit der Polentamasse und zwei Zucchini mit der Hackmasse füllen. Beides mit dem restlichen Parmesan bestreuen. Je 50 ml Brühe in die Formen gießen. Im Backofen ca. 30–35 Min. backen.
- Nüsse grob hacken. Basilikum waschen, trocken schütteln und Blätter abzupfen. Butter in einer Pfanne erhitzen und Nüsse anrösten. Zucchini mit der Nussbutter beträufeln und mit den Basilikumblättern servieren.

▶ Nährwerte pro Portion:

Vegetarisch	390 kcal, 20 g E, 25 g F, 20 g KH
Fleisch	470 kcal, 40 g E, 30 g F, 10 g KH

Tipp

Hier passt eine Tomatensoße dazu.

▶ Für 4 Personen

braucht etwas mehr Zeit

25 Min.; 30 Min. Backzeit

1 Zwiebel
2 Knoblauchzehen
1 EL Olivenöl
100 g Polenta (Maisgrieß)
Meersalz
100 g Parmesan oder Pecorinokäse
100 g getrocknete Tomaten
1 Bund Petersilie
Je 2 Zweige Thymian und Rosmarin
4 Zucchini
Pfeffer (frisch gemahlen)
Paprikapulver
200 g Rinderhackfleisch
100 ml Gemüsebrühe
30 g Walnusskerne
2 Zweige Basilikum
2 EL Butter

Petersilien-Pesto mit Ofengemüse mit gebratenem Halloumikäse und Hähnchenkeulen

Mein Ofengemüse ist immer schnell gegessen.

▶ Für 4 Personen

braucht etwas mehr Zeit

20 Min.; 45 Min. Backzeit

- 2 große Hähnchenkeulen (à 200 g)
- Cayennepfeffer oder Paprikapulver
- Meersalz
- Pfeffer (frisch gemahlen)
- 3 EL Olivenöl
- 400 g kleine Kartoffeln (Drillinge)
- 1 Kohlrabi
- 2 Karotten
- ½ Kürbis
- 250 g Cocktailtomaten
- 1 großer Bund Blattpetersilie
- 2 Zehen Knoblauch
- 4 EL gemahlene Haselnüsse
- 120 ml Olivenöl
- 2 Halloumikäse (à 100 g)

- Backofen auf 200 Grad (Umluft 180 Grad) vorheizen.
- Hähnchenkeule mit Paprika, Salz und Pfeffer würzen. 1 EL Öl in einer Pfanne erhitzen und Keulen darin von allen Seiten jeweils 5 Min. goldbraun anbraten. Keulen in eine Auflaufform geben und im Ofen auf der untersten Schiene ca. 45 Min. garen. Mit etwas Olivenöl bepinseln. Gelegentlich mit etwas Wasser oder Fleischsaft beträufeln.
- Kartoffeln und Gemüse waschen, putzen bzw. schälen und in grobe Würfel schneiden. Auf ein Backblech oder in eine Auflaufform geben, mit 2 EL Öl beträufeln und mit den Gewürzen bestreuen. Alles vermengen und nach 15 Min. der Garzeit der Hähnchenkeulen für ca. 20–30 Min. im Ofen auf der mittleren Schiene backen. Zwischendurch mit einem Löffel das Gemüse wenden, damit es gleichmäßig garen kann.
- Nebenher die Blattpetersilie waschen und grob zerkleinern. Knoblauch abziehen und halbieren. Beide Zutaten in einen hohen Becher geben. Haselnüsse und Olivenöl dazugeben und alles fein pürieren. Mit Salz und Pfeffer würzen.
- Zum Abschluss den Käse in einer Pfanne ohne Fett von beiden Seiten braten.
- Hähnchen oder Käse mit dem Ofengemüse und Pesto servieren.

▶ Nährwerte pro Portion:

Vegetarisch	890 kcal, 35 g E, 70 g F, 30 g KH
Fleisch	865 kcal, 45 g E, 65 g F, 30 g KH

Tipp

Der Käse kann auch im Ofen gebacken werden, so spart man sich die Pfanne.

Kartoffelpüree mit angebratenen Zwiebeln und Äpfel mit Seitan und Leber

Leckere Hausmannskost

- Kartoffeln schälen, waschen und in grobe Stücke schneiden. Kartoffeln in Salzwasser zugedeckt ca. 20 Minuten weich garen.
- Zwiebeln abziehen und in Ringe schneiden. Äpfel waschen, schälen, vierteln und entkernen. Äpfel in Scheiben schneiden. Majoran waschen, trocken schütteln und Blättchen abzupfen.
- 2 EL Öl in einer großen Pfanne erhitzen. Zwiebeln darin bei mittlerer Hitze 10 Min. dünsten und anbräunen. Apfelscheiben dazugeben und weitere 5 Min. anbraten. Majoran untermischen und die Zwiebeln mit den Äpfeln aus der Pfanne nehmen und warm stellen.
- Für das Kartoffelpüree die Milch in einem kleinen Topf erhitzen und die Butter darin schmelzen lassen. Kartoffeln abgießen und mit einem Kartoffelstampfer zerdrücken.
- Milch zum Kartoffelpüree gießen und alles miteinander glatt und cremig mischen. Püree mit Salz, Pfeffer und geriebenem Muskat abschmecken.
- Seitan in vier Scheiben schneiden und im Mehl wenden. Leber abspülen, trocken tupfen und ebenfalls im Mehl wenden, überschüssiges Mehl abklopfen. 1 EL Öl in der Pfanne erhitzen. Erst Seitan und dann die Leber mit einem weiteren EL Öl auf jeder Seite ca. 2–4 Min. anbraten. Dann mit Salz und Pfeffer würzen.
- Kartoffelpüree in die Mitte von vier Tellern geben. Dann jeweils auf zwei Teller den Seitan und auf zwei Tellern die Leber geben und mit den Zwiebel-Äpfeln servieren.

▶ Nährwerte pro Portion:

Vegetarisch	535 kcal, 25 g E, 25 g F, 50 g KH
Fleisch	580 kcal, 30 g E, 25 g F, 50 g KH

Tipp

Das Kartoffelpüree kann noch mit frischen Kräutern, angeröstetem Knoblauch oder Oliven verfeinert werden.

▶ Für 4 Personen

braucht etwas mehr Zeit ⏲ 30 Min.

800 g	Kartoffeln
	Meersalz
2	Zwiebeln
2	Äpfel
2	Zweige Majoran
4 EL	Olivenöl
250 ml	Milch
50 g	Butter
	Pfeffer (frisch gemahlen)
	Muskat, gerieben
200 g	Seitan
1 EL	Mehl
4	Scheiben Kalbs- oder Geflügelleber (küchenfertig, à ca. 60 g)

Aprikosen-Chutney mit Sesam mit Brokkoli und Hähnchen

Raffiniertes fruchtiges Chutney

▶ Für 4 Personen

braucht etwas mehr Zeit ⏱ 40 Min.

400 g Aprikosen · 2 Zwiebeln · 1 kleines Stück Ingwer · 3 EL Olivenöl · 100 g Rohrohrzucker · 1 EL Limettensaft · 200 ml Apfelsaft · Meersalz · Pfeffer (frisch gemahlen) · Chiliflocken · 1 Brokkoli (300 g) · 300 g Hähnchenbrustfilet · 2 Bio-Eier · 6 EL Mehl · 4 EL Sesamsamen

- Für das Chutney Aprikosen waschen, halbieren, entkernen und in Würfel schneiden. Zwiebeln und Ingwer abziehen bzw. schälen. Zwiebeln in Würfel schneiden. Ingwer fein hacken.
- 1 EL Öl in einem Topf erhitzen. Zwiebeln und Ingwer darin andünsten. Aprikosen zugeben und kurz weiterdünsten. Zucker und Saft dazugeben und etwa 20 Min. einkochen lassen. Mit Salz, Pfeffer und Chili abschmecken.
- Brokkoli waschen, putzen und in Röschen teilen. Brokkoli in etwas Salzwasser ca. 5 Min. dünsten. Dann abgießen und auskühlen lassen. Hähnchenbrustfilet waschen, trocken tupfen und in Stücke schneiden.
- Eier aufschlagen und schaumig schlagen. Mehl mit Salz und Pfeffer vermischen. Brokkoliröschen erst im Mehl, dann in dem Ei und zuletzt im Sesam wenden. Das Gleiche mit den Hähnchenstücken machen. Restliches Öl in einer Pfanne erhitzen und zuerst Brokkoli darin goldgelb anbraten. In einer Auflaufform geben und im Ofen bei ca. 100 Grad warm halten. Dann die Hähnchenstücke in der Pfanne anbraten. Beides mit dem Chutney servieren.

▶ Nährwerte pro Portion:

Vegetarisch	415 kcal, 15 g E, 15 g F, 60 g KH
Fleisch	525 kcal, 45 g E, 15 g F, 55 g KH

Raffiniert & festlich

Flammkuchen mit Birne und Camembert belegt mit angebratenen Pilzen und Bündnerfleisch

Französisch elegant!

- Mehl, Hefe, Thymian, Zucker, Salz, 2 EL Öl mit dem Wasser zu einem glatten Teig verarbeiten. 30 Min. zugedeckt an einem warmen Ort gehen lassen.
- Birnen waschen, halbieren, entkernen und in dünne Scheiben schneiden. Zwiebel abziehen und in dünne Ringe schneiden. Käse in dünne Scheiben schneiden. Schmand glatt rühren, mit Salz und Pfeffer würzen.
- Backofen auf 200 Grad (Umluft 180 Grad) vorheizen.
- Teig nach dem Gehen noch einmal durchkneten, vierteln und zu vier dünnen Fladen ausrollen. Auf zwei mit Backpapier ausgelegte Bleche legen. Schmand auf den Fladen verteilen und glatt streichen. Die Fladen mit Birnen, Käse und Zwiebel belegen. Im Backofen etwa 15 Min. goldbraun backen.
- Pilze putzen, in kleine Stücke schneiden bzw. würfeln und in einer Pfanne mit 1 EL erhitztem Öl etwa 5 Min. andünsten. Mit Salz und Pfeffer würzen und auf zwei Flammkuchen verteilen.
- Bündnerfleisch in Stücke schneiden und auf zwei Flammkuchen verteilen.
- Rosa Pfefferbeeren im Mörser zerstoßen. Flammkuchen mit dem restlichen Olivenöl beträufeln und mit je einer Prise Pfefferbeeren und Fleur de Sel bestreuen.

▶ Nährwerte pro Portion:

Vegetarisch	760 kcal, 30 g E, 25 g F, 105 g KH
Fleisch	810 kcal, 35 g E, 30 g F, 105 g KH

▶ Für 4 Personen

braucht etwas mehr Zeit

20 Min.; 30 Min. Gehzeit; 15 Min. Backzeit

- 500 g Weizenmehl
- 1 Päckchen Backhefe (frisch oder trocken)
- ¼ TL Thymian
- 1 TL Zucker
- ½ TL Meersalz
- 4 EL Olivenöl
- 250 ml lauwarmes Wasser
- 2 feste Birnen (Williams Christ)
- 1 rote Zwiebel
- 120 g Camembert oder Ziegenweichkäse
- 200 g Schmand oder saure Sahne
- Pfeffer (frisch gemahlen)
- 100 g Pilze (Pfifferlinge, Kräuterseitlinge)
- 6 Scheiben Bündnerfleisch
- 1 TL rosa Pfefferbeeren
- 1 Prise Fleur de Sel

Glasnudeln mit Gemüse in Erdnusssoße und Saté-Spieße mit mariniertem Tofu und Pute

Saté-Spieße mit einer Erdnusssoße sind geschmacklich einmalig.

▶ Für 4 Personen

braucht etwas mehr Zeit ⏲ 40 Min.

- 12 Holzspieße
- 3 Knoblauchzehen
- 4 EL Zitronensaft
- 2 große dünne Putenschnitzel (à 150 g)
- 1 Packung Tofu, natur
- 1 Zwiebel
- 4 Karotten
- 300 g Zuckerschoten
- 3 EL Kokosöl oder Erdnussöl
- 2 EL Erdnusscreme
- 1 Dose Kokosmilch (400 ml)
- Meersalz
- Pfeffer (frisch gemahlen)
- 4 EL Sojasoße
- ¼–½ TL Sambal Oelek
- 2 EL Erdnusskerne
- 300 g Glasnudeln

- Holzspieße in Wasser einweichen.
- Knoblauch abziehen und fein hacken. Die Hälfte des Knoblauchs und 3 EL Zitronensaft verrühren. Fleisch waschen, trocken tupfen, platt klopfen und längs in sechs Streifen (ca. 2 cm breit) schneiden. Tofu in Würfel schneiden. Fleisch wellenartig auf sechs Spieße ziehen. Tofu auf sechs Spieße stecken. Spieße mit der Marinade beträufeln. Zugedeckt getrennt ca. 30 Min. ziehen lassen.
- Währenddessen Zwiebeln abziehen und hacken. Karotten schälen, längs in etwa ½ cm dicke Scheiben und dann in ½ cm dicke Streifen schneiden. Zuckerschoten waschen und putzen.
- Den restlichen Knoblauch und die Zwiebel in 1 EL heißem Öl andünsten. Karottenstreifen und Zuckerschoten zugeben und etwa 7 Min. dünsten. Erdnusscreme unter Rühren darin schmelzen. Kokosmilch angießen. Mit Salz und Pfeffer würzen. Mit Sojasoße, Sambal Oelek, 1 EL Zitronensaft und Salz abschmecken.
- Glasnudeln in Salzwasser etwa 4 Min. kochen.
- Spieße portionsweise in je 1 EL heißem Öl rundherum 2–3 Min. braten. Mit Salz und Pfeffer würzen und mit der dem Gemüse servieren.

▶ Nährwerte pro Portion:

Vegetarisch	615 kcal, 25 g E, 20 g F, 85 g KH
Fleisch	650 kcal, 45 g E, 15 g F, 80 g KH

Tipp

Holzspieße etwa eine Stunde in kaltem Wasser einweichen, dann lässt sich das Fleisch bzw. der Tofu leichter ablösen.

Raffinierte Pie mit Rosinen und Mandeln mit Linsen und Lamm

Ein Gericht für kuschlige Winterabende

- Linsen in der doppelten Menge Wasser ca. 25–30 Min. weich garen.
- Zwiebeln abziehen und fein würfeln. Je 1 EL Öl in zwei Pfannen erhitzen, in der einen das Hackfleisch und in der anderen die Linsen kräftig anbraten. Zwiebeln zufügen und kurz mitbraten. Mit Salz, Pfeffer und Gewürzen würzen. Tomatendose öffnen, Tomaten mit einer Gabel grob zerdrücken, je eine Hälfte zum Fleisch und zu den Linsen geben und mit je 50 ml Brühe ablöschen. Rosinen und Mandeln zufügen, bei mittlerer Hitze zugedeckt 15 Min. schmoren. Beides in zwei getrennte runde Auflaufformen (20 cm Ø) geben.
- Backofen auf 220 Grad (Umluft 200 Grad) vorheizen.
- Eine Teigplatte halbieren. Ei trennen, Eigelb mit Milch verquirlen. Die Ränder der Formen mit Eiweiß bestreichen und mit den halben Teigplatten abdecken, Rand gut andrücken. Die andere Teigplatte in lange Streifen schneiden. Formen kreuzweise mit Teigstreifen dekorieren und mit Eiermilch bestreichen.
- Pies im Ofen auf der untersten Schiene 12–15 Min. goldbraun backen.

▶ Nährwerte pro Portion:

Vegetarisch	860 kcal, 35 g E, 40 g F, 90 g KH
Fleisch	735 kcal, 40 g E, 45 g F, 40 g KH

Tipp

Eine Pie passt toll in die kalte Jahreszeit und kann auch mit Gemüse gefüllt werden. Statt Lammhackfleisch kann man auch Rinderhackfleisch verwenden.

▶ Für 4 Personen

braucht etwas mehr Zeit

35 Min.; 12–15 Min. Backzeit

200 g Berglinsen
2 Zwiebeln
2 EL Olivenöl
300 g Lammhackfleisch
Meersalz, Pfeffer (frisch gemahlen), 1 Prise scharfer Mix (Seite 28)
1 Dose geschälte Tomaten (425 g EW)
100 ml Gemüsebrühe
100 g Rosinen
50 g Mandelstifte
2 Pk. frischer Blätterteig (Kühlregal, à 150 g)
1 Bio-Ei
1 EL Milch

Stampfkartoffeln und Rotweinsoße mit Rotkohlroulade mit Bergkäse-Nuss-Füllung und Rinderhackfüllung

Für winterliche Festtage

▶ Für 4 Personen
braucht etwas mehr Zeit
44 Min.; 20–25 Min. Schmorzeit

- 800 g Kartoffeln
- Meersalz
- 1 kleiner Rotkohl (ca. 700–800 g)
- 1 Zwiebel
- 1 Knoblauchzehe
- 6 EL Olivenöl
- je 4 Zweige Petersilie
- 120 g Bergkäse
- 200 g Kräuterseitlinge oder braune Champignons
- 30 g Walnüsse
- 200 g Hackfleisch
- 2 Bio-Eigelbe
- 1 TL Thymian
- Pfeffer (frisch gemahlen)
- 300 ml Gemüsebrühe
- 1 rote Zwiebel
- 1 TL Tomatenmark
- 1 EL Weizenmehl
- 100 ml Rotwein

- Für den Stampf Kartoffeln schälen, waschen, in Stücke schneiden und in Salzwasser ca. 20 Min. weich garen.
- Rotkohl putzen, die äußeren Blätter entfernen. 8–12 Rotkohlblätter vorsichtig vom Kopf lösen und waschen. Blätter in kochendem Wasser ca. 5–7 Min. kochen und mit kaltem Wasser abschrecken. Restlichen Kohl klein schneiden. Zwiebeln und Knoblauch abziehen und fein hacken. Geschnittenen Kohl, Zwiebeln und Knoblauch kurz in einer Pfanne mit 1 EL Öl andünsten.
- Petersilie waschen, trocken schütteln und hacken. Bergkäse fein reiben. Pilze putzen und klein schneiden, Walnüsse grob hacken. 1 EL Öl in einer Pfanne erhitzen und Pilze mit den Nüssen 5 Min. andünsten.
- Backofen auf 180 Grad (Umluft 160 Grad) vorheizen.
- Die Hälfte des gegarten Kohls, Zwiebeln, Knoblauch, Petersilie, Käse und Eigelb mit dem Hack und den Rest mit der Pilze-Nuss-Mischung vermengen. Kräftig mit Thymian, Salz und Pfeffer abschmecken.
- Gegarte Kohlblätter einzeln in Suppenkelle legen, Enden überlappen lassen. Fleischfüllung in 4–6 Blätter und die Pilze-Nuss-Mischung in die restlichen Blätter geben. Alles als Rouladen zusammenrollen und in zwei getrennte Auflaufformen legen. Mit je 50 ml Brühe und 1 EL Olivenöl begießen. Mit Salz bestreuen. Im Backofen 20–25 Min. schmoren.
- Für die Soße die rote Zwiebel schälen und in Würfel schneiden. 1 EL Öl in einem Topf erhitzen. Zwiebel darin andünsten und unter Rühren Tomatenmark mit andünsten. Anschließend mit Mehl bestäuben und unter Rühren mit dem Wein ablöschen, mit der restlichen Brühe auffüllen und etwa 10 Min. köcheln lassen. Mit einem Stabmixer kurz pürieren.
- Wenn die Kartoffeln weich sind, mit einem Stampfer klein stampfen und mit Salz, Pfeffer und 1 EL Olivenöl würzen.

▶ Nährwerte pro Portion:

Vegetarisch	650 kcal, 25 g E, 40 g F, 45 g KH
Fleisch	645 kcal, 40 g E, 35 g F, 45 g KH

Cremige Karotten mit gefüllter Auberginenroulade und Putenroulade

Rouladen nussig-süß-fruchtig gefüllt

- Für 4 Personen

braucht etwas mehr Zeit

20 Min.; 20 Min. Backzeit

4 getrocknete Feigen
4 EL Apfelsaft
1 Zwiebel
40 g Paranüsse (oder andere Nüsse)
5 EL Olivenöl
Meersalz
Pfeffer (frisch gemahlen)
1 große Aubergine
300 g Putenschnitzel
600 g Karotten
1 Schalotte
400 ml Gemüsebrühe
100 g Crème fraîche
1 EL Zitronensaft
½ TL Senf

- Feigen in kleine Stücke schneiden und in Apfelsaft einweichen. Zwiebel abziehen und in Streifen schneiden. Nüsse grob hacken. 1 EL Öl in einer Pfanne erhitzen, Zwiebel und Nüsse anbraten. Beides mit den Feigen und dem Saft pürieren und mit Salz und Pfeffer würzen.
- Backofen auf 200 Grad (Umluft 180 Grad) vorheizen.
- Aubergine längs in dünne Scheiben schneiden. 3 EL Öl in einer Pfanne erhitzen und Auberginenscheiben von beiden Seiten goldbraun anbraten.
- Putenfleisch in vier dünne Scheiben schneiden. Auberginen und Pute mit je der Hälfte der Füllung bestreichen und zusammenrollen. Beides getrennt in zwei gefettete Auflaufformen geben und ca. 20 Min. im Ofen backen.
- Karotten schälen, waschen, putzen und in Stifte schneiden. Schalotte abziehen und fein hacken. 1 EL Öl in einer Pfanne erhitzen und Schalotten darin glasig andünsten. Karotten zugeben und 5 Min. andünsten. Gemüsebrühe zugeben und weitere 5 Min. dünsten. Crème fraîche unterrühren, mit Zitronensaft, Senf, Salz und Pfeffer abschmecken.
- Rouladen mit den Karotten servieren.

Nährwerte pro Portion:

Vegetarisch	450 kcal, 5 g E, 35 g F, 25 g KH
Fleisch	450 kcal, 40 g E, 25 g F, 20 g KH

Tipp

Trockenobst wie Feigen oder Datteln sind fruchtig-süß. In geballter Form sind Vitamine, Mineralstoffe und sekundäre Pflanzenstoffe enthalten. Insbesondere die reichlich vorhandenen Ballaststoffe sorgen für eine gute Verdauung und eine lang anhaltende Sättigung.

Ciabattabrot mit Olivenöl mit Auberginenscheiben und Fischfilet

So schmeckt der mediterrane Sommer!

▶ Für 4 Personen

braucht etwas mehr Zeit ⏱ 15 Min.; 20–30 Min. Backzeit

2 Knoblauchzehen · 1 rote Zwiebel · 1 Bund Petersilie · 40 g Nüsse (Walnüsse, Haselnüsse, Mandeln) · 40 g Parmesan · 3 EL Semmelbrösel · 5 EL Tomatenmark · 2 EL Wasser · Meersalz, Pfeffer (frisch gemahlen) · 1 Aubergine · 4 EL Olivenöl · 2 Fischfilets (Lachs oder Seelachs) · 1 TL Zitronensaft · etwas Öl für die Auflaufform · 1 kleines Ciabattabrot · Fleur de Sel

- Knoblauch und Zwiebel abziehen und fein hacken. Petersilie waschen, trocken schütteln und fein hacken. Nüsse hacken. Parmesan fein reiben.
- Knoblauch, Zwiebeln und Petersilie mit Semmelbröseln, Tomatenmark, Parmesan, Nüssen und Wasser verrühren. Mit Salz und Pfeffer würzen.
- Backofen auf 200 Grad (Umluft 180 Grad) vorheizen.
- Aubergine waschen, putzen und längs in vier Scheiben schneiden. 2 EL Öl in einer Pfanne erhitzen und Scheiben darin beidseitig goldgelb anbraten. Fischfilets abspülen, trocken tupfen und mit etwas Zitronensaft beträufeln.
- Auberginen und Fischfilets in zwei getrennte, leicht gefettete Auflaufformen legen. Fisch und Auberginenscheiben mit der Kräuterpaste bestreichen und im Ofen ca. 20–30 Min. backen.
- Zu den Auberginen und dem Fisch Ciabattabrot, 2 EL Olivenöl zum Eintunken und Fleur de Sel zum Bestreuen servieren.

▶ Nährwerte pro Portion:

Vegetarisch	350 kcal, 10 g E, 25 g F, 25 g KH
Fleisch	450 kcal, 35 g E, 25 g F, 20 g KH

Pastinaken-Kartoffel-Stampf mit Pilz-Ragout und Kalbsfleisch-Ragout

Geschmacklich ein Leckerbissen

▶ Für 4 Personen

gelingt leicht ⏱ 30 Min.

400 g Pastinaken · 300 g Kartoffeln · Meersalz · 3 rote Zwiebeln · 250 g Kalbsschnitzel · 300 g kleine Champignons, Kräuterseitlinge o. a. · 2 EL Olivenöl · 100 ml Weißwein · 200 ml Sahne · 200 ml Gemüsebrühe · 2 EL Cranberries · 2 Zweige Majoran und Thymian · 2 TL Senf · Pfeffer (frisch gemahlen)

- Pastinaken und Kartoffeln schälen, putzen, waschen, in grobe Stücke schneiden und zusammen in Salzwasser etwa 20 Min. weich garen.
- Zwiebeln abziehen und in Ringe schneiden. Fleisch abspülen, trocken tupfen und in Würfel schneiden. Pilze putzen und ggf. klein schneiden.
- In zwei Pfannen jeweils 1 EL Öl erhitzen und je die Hälfte der Zwiebeln in den Pfannen anbraten. In der einen das Fleisch und in der anderen die Pilze anbraten. Mit je 50 ml Wein ablöschen und je 100 ml Sahne, Brühe und je 1 EL Cranberries zugeben. Zugedeckt ca. 15 Min. köcheln lassen.
- Majoran und Thymian waschen, trocken schütteln und Blätter abzupfen. Ragouts mit Kräutern, Salz, Pfeffer und je 1 TL Senf abschmecken.
- Pastinaken und Kartoffeln abgießen, mit einem Kartoffelstampfer zerdrücken. Mit Salz und Pfeffer würzen.
- Stampf auf vier Teller verteilen und jeweils zwei Teller mit Kalbs- oder Pilzragout servieren.

▶ Nährwerte pro Portion:

Vegetarisch	395 kcal, 10 g E, 25 g F, 35 g KH
Fleisch	405 kcal, 30 g E, 25 g F, 30 g KH

Granatapfel-Couscous und Joghurtdip mit Wirsing-Schafskäse-Rouladen mit Linsen und Hackfleisch

Eine orientalische Variante mit Wirsing

- Linsen in der doppelten Menge Wasser ca. 15 Min. weich garen.
- Wirsing putzen und waschen. 8–12 Wirsingblätter abtrennen und in kochendem Wasser ca. 2 Min. blanchieren und mit kaltem Wasser abschrecken.
- Restlichen Kohl und Schafskäse klein schneiden. Zwiebeln und Knoblauch abziehen und fein hacken. Petersilie und Basilikum waschen, trocken schütteln und hacken. Kreuzkümmelsamen und Koriandersaat mörsern.
- 1 EL Öl in einer Pfanne erhitzen und Kohl mit Zwiebeln und Knoblauch anbraten und mit Kreuzkümmel, Koriander und Salz würzen. Die Hälfte der Zutaten mit dem Hack und die andere Hälfte mit den Linsen vermengen. Schafskäse, Kräuter und Rosinen untermengen und alles mit Thymian, Salz und Pfeffer abschmecken.
- Backofen auf 180 Grad (Umluft 160 Grad) vorheizen.
- Gegarte Kohlblätter einzeln in Suppenkelle legen, Enden überlappen lassen. In 4–6 Blätter die Fleischfüllung und in die anderen 4–6 die Linsenfüllung geben. Rouladen zusammenrollen und in zwei Auflaufformen legen. Mit je 50 ml Brühe begießen. Im Backofen 15–20 Min. schmoren.
- Restliche Gemüsebrühe aufkochen. Couscous zugeben und ca. 10 Min. quellen lassen. Granatapfel halbieren und Fruchtkerne über einer Schüssel herauslösen. Joghurt mit Pfefferminze, Salz und Pfeffer abschmecken. Couscous mit einer Gabel auflockern und Granatapfelkerne unterheben. Couscous mit Joghurtdip zu den Wirsingrouladen servieren.

▶ Nährwerte pro Portion:

Vegetarisch	695 kcal, 30 g E, 20 g F, 100 g KH
Fleisch	660 kcal, 40 g E, 20 g F, 75 g KH

▶ Für 4 Personen

braucht etwas mehr Zeit

30 Min.; 15–20 Min. Schmorzeit

100 g	rote Linsen
1	Wirsing
100 g	Schafskäse
2	Zwiebeln
1	Knoblauchzehe
je 3	Zweige Petersilie und Basilikum
je ½ TL	Kreuzkümmelsamen und Koriandersaat
	Meersalz
1 EL	Olivenöl
200 g	Rinderhackfleisch
3 EL	Rosinen
	Thymian
	Pfeffer (frisch gemahlen)
700 ml	Gemüsebrühe
300 g	Couscous
1	kleiner Granatapfel
300 g	Naturjoghurt, 3,5 % Fett
½ TL	Pfefferminze, getrocknet

Tipp

Würzen Sie Wirsing mit Kümmel, dann ist er besser verträglich. Wirsing kann zu Blähungen führen. Würzen Sie Kohl mit Kümmel, Thymian oder Koriander, dann ist er besser verträglich.

Marinierter Rettich mit Wasabi-Soße mit gebratenen Pilzen und rosa gebratenem Thunfisch

Japanisch für Gäste

▶ Für 4 Personen

geht schnell ⏲ **20 Min.**

2–3 Winterrettiche (ca. 600–800 g) · 1 Bund Frühlingszwiebeln · 3 EL Sesamöl · 1 EL Kräuteressig · 2 EL Sojasoße · 2 EL geröstete Sesamsamen · Meersalz · Pfeffer (frisch gemahlen) · 1 Becher saure Sahne · 1 TL Wasabi-Paste · 1 TL Zitronensaft · 20 g Radieschensprossen · 4 dünne Scheiben Thunfisch (à 50 g) · 200 g Pilze (Austern- oder Shiitakepilze)

- Rettiche schälen, waschen und grob raspeln. Frühlingszwiebeln waschen, putzen und in Stücke schneiden. 1 EL Öl in einer Pfanne erhitzen, Zwiebeln kurz anbraten und zu dem Rettich geben. Rettich mit 1 EL Öl, Essig, Sojasoße und Sesam marinieren und mit den Gewürzen abschmecken.
- Saure Sahne mit Wasabi, Zitronensaft, Salz und Pfeffer vermischen. Sprossen gründlich waschen.
- In einer Pfanne 1 EL Sesamöl erhitzen und erst die Pilze ca. 5 Min. anbraten. Danach ganz kurz den Thunfisch auf beiden Seiten je 1–2 Min. anbraten. Beides mit Salz und Pfeffer würzen.
- Den Rettich auf vier Teller verteilen, Thunfisch und Austernpilze auf je zwei Teller geben und alles mit der Sauce beträufeln. Mit den Sprossen bestreuen und servieren.

▶ Nährwerte pro Portion:

Vegetarisch	460 kcal, 25 g E, 35 g F, 10 g KH
Fleisch	260 kcal, 10 g E, 20 g F, 10 g KH

Tipp

Dazu passen japanische Reisnudeln als Beilage. Auch der normale Sommerrettich kann verwendet werden.

Bohnen-Paprika-Gemüse mit Wildreismischung mit knusprigem Tofu und Doradenfilet

Süß-herbe Gemüsevariante

▶ Für 4 Personen

braucht etwas mehr Zeit ⏲ **30 Min.**

300 g Wildreismischung · Meersalz · 500 g grüne Bohnen · 2 Paprikaschoten, rot · 1 Zwiebel · 4 EL Olivenöl · 40 g Walnüsse · 40 g getrocknete Datteln, ohne Stein · 100 ml Weißwein oder Traubensaft · 200 ml Sahne · 4 EL Mehl · Pfeffer (frisch gemahlen) · Thymian, getrocknet · 200 g Tofu, natur · 2 Doradenfilets (à 125 g) · 1 Bund Blattpetersilie

- Reis mit der 2,5-fachen Menge Salzwasser ca. 10–15 Min. garen. Bohnen waschen, putzen und ca. 10–15 Min. in etwas Wasser dünsten. Paprika waschen, putzen und in Streifen schneiden. Zwiebel abziehen und in kleine Würfel schneiden.
- 2 EL Öl in einem Topf erhitzen und Zwiebel darin andünsten. Bohnen und Paprika dazugeben und etwa 5 Min. dünsten. Walnüsse hacken und Datteln in kleine Streifen schneiden. Alles dazugeben und kurz mitdünsten. Mit dem Weißwein ablöschen und Sahne zugeben. Weitere 5 Min. mit geschlossenem Deckel garen.
- Währenddessen Mehl mit Gewürzen mischen. Tofu in vier Scheiben schneiden. Doradenfilets waschen und trocken tupfen. Erst Tofu, dann den Fisch, in der Mehlmischung wenden und in zwei Pfannen mit je 1 EL heißem Öl von beiden Seite jeweils 5–7 Min. knusprig braten.
- Reis mit Salz und Pfeffer würzen. Blattpetersilie waschen, hacken und unterheben. Bohnen-Paprika-Gemüse mit den Doradenfilets oder Tofu und dem Reis anrichten.

▶ Nährwerte pro Portion:

Vegetarisch	840 kcal, 30 g E, 40 g F, 85 g KH
Fleisch	820 kcal, 35 g E, 35 g F, 85 g KH

Lauch und Rhabarber mit gebackenem Spargel mit Tempeh und Garnelen

Der Frühling grüßt mit Farbe und Geschmack.

▶ Für 4 Personen
braucht etwas mehr Zeit ⏲ 30 Min.
2 Bund weißer Spargel (frisch oder tiefgekühlt) · 1 rote Zwiebel · 3 EL Olivenöl · 1 EL Limettensaft · Meersalz · rosa Pfefferbeeren, zerstoßen · 2 Stangen Lauch · 1 Stange Rhabarber · 1 Knoblauchzehe · 250 g Garnelen (geschält, entdarmt, ohne Kopf) · 200 g Tempeh · 2 EL Olivenöl · 200 ml Prosecco · 300 ml Sahne · Pfeffer (frisch gemahlen) · Chiliflocken

- Backofen auf 200 Grad (Umluft 180 Grad) vorheizen.
- Spargel waschen, schälen, Enden abschneiden und längs halbieren. Zwiebel abziehen und in Streifen schneiden. Spargel in eine Auflaufform legen, mit der Zwiebel bestreuen und mit Öl sowie Saft beträufeln. Mit Salz und rosa Pfefferbeeren würzen und ca. 20 Min. im Ofen backen.
- Währenddessen Lauch und Rhabarber waschen, putzen und in Stücke schneiden. Die Fäden vom Rhabarber abziehen. Knoblauch abziehen und fein hacken. Die Garnelen abspülen und abtropfen lassen. Tempeh in Würfel schneiden.
- Je 1 EL Öl in zwei Pfannen erhitzen und in der einen Pfanne die Garnelen und in der anderen Pfanne den Tempeh ca. 5 Min. anbraten. Dann je die Hälfte Lauch, Rhabarber und Knoblauch zugeben und weiter 5 Min. dünsten.
- Beides mit je 100 ml Prosecco ablöschen und bei mittlerer Hitze 5–7 Min. köcheln lassen. Anschließend mit je 150 ml Sahne sowie den Gewürzen abschmecken.
- Garnelen und Tempeh mit dem Spargel servieren.

▶ Nährwerte pro Portion:

Vegetarisch	530 kcal, 30 g E, 35 g F, 15 g KH
Fleisch	495 kcal, 30 g E, 30 g F, 15 g KH

Sautierter Pak Choi in süß-saurer Soße und Reisnudeln mit Tandoori-Tofu und Tandoori-Hähnchen

Scharf, aromatisch, asiatisch!

▶ Für 4 Personen
braucht etwas mehr Zeit ⏲ 20 Min.; 30 Min. Marinierzeit
1 walnussgroße Knolle Ingwer · 1 Knoblauchzehe · 1 Chilischote, mild scharf · je ½ TL Kreuzkümmelsamen, Koriandersamen · ¼ TL Pfefferkörner · 200 g Naturjoghurt, 3,5 % Fett · ½ TL Paprikapulver · 1 EL Zitronensaft · 250 g Hähnchenbrustfilet · 200 g Tofu, natur · 800 g Pak Choi · 1 kleine rote Zwiebel · 3 EL Kokosöl · 2 EL Sojasoße · 50 ml Gemüsebrühe · 2 EL Honig · 2 EL Essig · Meersalz · Pfeffer (frisch gemahlen) · 400 g Reisnudeln

- Ingwer und Knoblauch schälen bzw. abziehen und fein hacken. Chilischote waschen, längs aufschneiden, Kerne und Innenhäute herausschneiden und fein hacken. Die Hälfte beiseite stellen. Gewürze in einer Pfanne kurz anrösten und mörsern. Joghurt mit Ingwer, Knoblauch, Chili, Gewürzen und Zitronensaft verrühren.
- Hähnchenbrustfilet waschen und trocken tupfen. Tofu in Würfel und Hähnchen in Stücke schneiden. Beides in je eine Schüssel geben und 30 Min. marinieren.
- Pak Choi waschen und längs vierteln. Zwiebel abziehen und in Streifen schneiden. 1 EL Kokosöl in einer Pfanne erhitzen und Zwiebeln andünsten. Pak Choi zugeben und etwa 5 Min. anbraten. Restliche Chili zugeben und mit der Sojasoße ablöschen. Gemüsebrühe, Honig und Essig zugeben und weitere 5 Min. dünsten, mit Salz und Pfeffer würzen.
- Reisnudeln in kochendem Salzwasser bissfest garen.
- Je 1 EL Kokosöl in zwei Pfannen erhitzen und Hähnchen sowie Tofu goldbraun anbraten und mit Salz würzen.

▶ Nährwerte pro Portion:

Vegetarisch	650 kcal, 25 g E, 15 g F, 100 g KH
Fleisch	655 kcal, 40 g E, 10 g F, 95 g KH

Türmchen mit Rote Bete und Kräuter-Polenta mit mariniertem Seitan und Rindersteak

Ein Hingucker mit Geschmack

▶ Für 4 Personen

braucht etwas mehr Zeit

20 Min.; 60 Min. Marinierzeit; 20 Min. Backzeit

- 2 rote Zwiebeln
- 2 Zweige Thymian
- 1 EL Aceto balsamico
- 2 EL Apfelsaft
- 1 TL Honig
- 4 EL Olivenöl
- 1 TL Senf
- 300 g Entrecôte oder Rinderhüftsteak
- 200 g Seitan
- 2 große Knollen Rote Bete
- Meersalz
- Pfeffer (frisch gemahlen)
- ½ TL Rosmarin, getrocknet
- 80 g Polenta (Maisgrieß)
- 300 ml Wasser
- 1 EL Tomatenmark
- 1 EL Mehl
- 100 ml Rotwein
- 300 ml Gemüsebrühe

- Eine Zwiebel abziehen und fein hacken. Thymian waschen, trocken schütteln und Blättchen abzupfen. Thymian, Zwiebel mit Essig, Apfelsaft, Honig, 2 EL Öl und Senf miteinander vermischen. Entrecôte in vier dünne Scheiben schneiden. Seitan in vier Scheiben schneiden. Beides getrennt mit je der Hälfte der Marinade etwa 1 Stunde marinieren.
- Backofen auf 200 Grad (Umluft 180 Grad) vorheizen. Rote Bete schälen, in dünne Scheiben schneiden und in eine Auflaufform oder auf ein geöltes Backblech legen. Mit 1 EL Öl beträufeln, Salz, Pfeffer würzen und im Ofen ca. 20 Min. backen.
- Währenddessen Rosmarin mit Polenta und ¼ TL Salz mischen. Brühe zum Kochen bringen und Polenta mit dem Schneebesen einrühren und aufkochen. Bei kleiner Hitze ca. 10 Min. zugedeckt quellen lassen. Polenta noch warm etwa 1 cm dick auf ein Brett streichen. Die erkaltete Masse mit einem runden Ausstecher (Durchmesser 7–8 cm) in acht Stücke ausstechen.
- 1 EL Öl in einer Pfanne erhitzen und Polenta-Schnitten darin leicht anbraten und warm stellen.
- In zwei heißen Pfannen Rindfleisch und Seitanscheiben für ca. 3–4 Min. von beiden Seiten anbraten. Mit Salz und Pfeffer würzen. Die restliche Marinade vom Seitan aufheben. Seitan und Fleisch kurz warm stellen.
- Die andere rote Zwiebel abziehen und in Streifen schneiden. In der Pfanne vom Seitan die Marinade erhitzen und Zwiebel darin anbraten. Tomatenmark zugeben und karamellisieren lassen. Mit Mehl bestäuben und mit Rotwein und der Brühe ablöschen und etwas einköcheln lassen. Mit Salz und Pfeffer würzen.
- Auf vier Teller mit den Zutaten vier Türmchen schichten und abschließend mit der Soße beträufeln.

▶ Nährwerte pro Portion:

Vegetarisch	430 kcal, 35 g E, 20 g F, 30 g KH
Fleisch	440 kcal, 35 g E, 25 g F, 20 g KH

Korianderreis und scharfe Schokoladensoße mit Mandeltofu und Hähnchenbrustfilet

Für Gäste mit einem besonderen Geschmack

▶ Für 4 Personen
braucht etwas mehr Zeit
20 Min.; 20 Min. Backzeit

- 50 g Mehl
- ¼ TL Zimt, gemahlen
- 200 g Mandeltofu
- 2 Hähnchenbrustfilets (à 125 g)
- 2 EL Olivenöl
- 1 kleine rote Zwiebel
- 2 TL Kakaopulver, gesiebt
- 2 TL brauner Zucker
- 3 TL Tomatenmark
- 100 ml Rotwein
- 300 ml Gemüsebrühe
- 100 ml Sahne
- 50 g Rosinen
- 20 g dunkle Schokolade (70 % Kakaoanteil)
- 1–2 Chilischoten, getrocknet
- Meersalz
- Pfeffer (frisch gemahlen)
- 2 EL gehobelte Mandeln
- 300 g Basmati-Reis
- ¼ TL Koriandersamen

- Backofen auf 200 Grad (Umluft 180 Grad) vorheizen.
- Mehl und Zimt in einer mittelgroßen Schüssel mischen. 5 TL der Mehlmischung beiseite stellen. Tofu in vier dicke Scheiben schneiden. Hähnchenbrustfilets abspülen und trocken tupfen. Beides nacheinander im gewürzten Mehl wenden. Überschüssiges Mehl abschütteln.
- In einer Pfanne 1 EL Öl erhitzen und erst die Tofuscheiben und dann die Hähnchenbrustfilets anbraten, bis sie goldbraun sind. Tofu und Hähnchen getrennt in zwei Auflaufformen geben.
- Zwiebel abziehen und fein hacken. 1 EL ÖL in einer Pfanne erhitzen und Zwiebel andünsten. Kakao, Zucker sowie Tomatenmark zugeben und unter Rühren mit andünsten. Mit dem Rotwein ablöschen und Brühe zugeben. Auf kleiner Flamme rühren, bis die Mischung cremig ist.
- Sahne und zurückbehaltene Mehl-Zimt-Mischung in einer kleinen Schüssel vermischen und unter die leicht kochende Soße rühren. Rosinen und Schokolade in die Soße geben und Schokolade schmelzen lassen. Chili in einem Mörser zerstoßen. Soße mit Chili, Salz und Pfeffer abschmecken.
- Je eine Hälfte der Soße über das Hähnchen und den Tofu gießen. Mandeln darüberstreuen und 20 Min. im Ofen garen.
- Währenddessen Reis in der 2,5-fachen Menge Salzwasser bissfest garen. Koriander im Mörser zermahlen. Reis mit Salz, Pfeffer und Koriander abschmecken und zum Tofu oder Hähnchen mit der Soße servieren.

▶ Nährwerte pro Portion:

Vegetarisch	660 kcal, 25 g E, 25 g F, 80 g KH
Fleisch	665 kcal, 40 g E, 20 g F, 75 g KH

Karotten-Lauch-Zuckerschoten in einer Schafskäsesoße mit Tempeh und Victoriabarsch

Für spontane Gäste

- Karotten schälen, waschen und erst längs in Scheiben, dann quer in Streifen schneiden. Frühlingszwiebeln waschen, putzen und in Streifen schneiden. Zuckerschoten waschen und putzen.
- 1 EL Öl in einer Pfanne erhitzen und erst Karotten und dann Frühlingszwiebeln und Zuckerschoten 5 Min. andünsten. Mit Wein ablöschen, mit Sahne und Brühe angießen. Weitere 5 Min. köcheln lassen. Schafskäse würfeln und zu dem Gemüse geben und zerlaufen lassen. Mit Salz und Pfeffer würzen.
- Fisch abspülen, trocken tupfen und in Stücke schneiden. Tempeh in Scheiben schneiden. Kräuter waschen, trocken schütteln und grob hacken.
- Je 1 EL Öl in zwei Pfannen erhitzen und in der einen den Fisch und in der anderen die Tempehscheiben anbraten. Beides mit je 1 TL Zitronensaft ablöschen und je die Hälfte der Kräuter zum Fisch und zum Tempeh geben und mit den Stücken vermengen. Mit den Gewürzen abschmecken.
- Gemüse auf vier Teller verteilen und darauf auf zwei Teller den Fisch und auf zwei den Tempeh legen. Die restlichen Kräuter aus den Pfannen über die Teller geben.

▶ Nährwerte pro Portion:

Vegetarisch	570 kcal, 30 g E, 40 g F, 20 g KH
Fleisch	520 kcal, 35 g E, 35 g F, 15 g KH

Tipp

Gemüsepfannen sind vitalstoffreiche und schnelle Gerichte. Sie können auch Zucchini, Lauch, Zuckerschoten, Paprika und Tomaten verwenden, alles Gemüsearten, die schnell gar sind.

▶ Für 4 Personen

gelingt leicht ⏲ 25 Min.

4 große Karotten
1 Bund Frühlingszwiebeln
200 g Zuckerschoten
3 EL Olivenöl
100 ml Weißwein
200 ml Sahne
100 ml Gemüsebrühe
150 g Schafskäse
Meersalz
Pfeffer (frisch gemahlen)
250 g Victoriabarschfilet
200 g Tempeh
1 Bund Basilikum
1 Bund Blattpetersilie
2 TL Zitronensaft

Kartoffelrösti und Gurken-Apfel-Salsa mit Pilzen und Matjesfilet

Fein und doch rustikal

▶ Für 4 Personen

gelingt leicht ⏲ **30 Min.**

- ½ Salatgurke
- 1 großer Apfel
- 1 EL Zitronensaft
- 1 Schalotte
- 2 Zweige Zitronenthymian
- 2 EL Olivenöl
- 4 EL Apfelsaft
- 1 TL Senf
- Meersalz
- Pfeffer (frisch gemahlen)
- 1 Bund Blattpetersilie
- 4 kleine Matjesfilets, natur (200 g)
- 200 g Pilze (Austernpilze, Kräuterseitlinge oder Champignons)
- 600 g festkochende Kartoffeln
- 6 EL Rapsöl
- 4 EL Schmand

- Gurke waschen, schälen, längs halbieren, mit einem Teelöffel das Kerngehäuse herausschaben und in Würfel schneiden. Apfel waschen, vierteln, entkernen und in kleine Würfel schneiden. Beides in eine Schüssel geben und mit Zitronensaft vermengen. Schalotte abziehen und in feine Würfel schneiden. Zu den Gurken und Äpfeln geben. Thymian waschen, trocken schütteln und Blättchen abzupfen. Öl, Saft und Senf zugeben, vermischen, mit Thymian, Salz und Pfeffer abschmecken. Salsa kühl stellen.
- Petersilie waschen, trocken schütteln und hacken. In der Hälfte der Kräuter den Matjes wenden und kühl stellen. Pilze putzen und in Scheiben schneiden.
- Kartoffeln schälen und grob reiben. Öl in einer Pfannen erhitzen. Zum Braten der Röstis je einen Esslöffel Kartoffelmasse in die Pfanne geben. Bei mittlerer Hitze von jeder Seite 3–4 Min. knusprig braten, bis insgesamt zwölf Röstis gebraten sind. Röstis auf Küchenpapier abtropfen lassen, mit Salz und Pfeffer würzen und warm stellen.
- 1 EL Öl in einer Pfanne erhitzen und Pilze darin kurz anbraten. Die restlichen Kräuter unterheben und mit Salz und Pfeffer würzen.
- Je drei Rösti auf vier Teller verteilen, zwei mit Pilzen und zwei mit Matjes belegen. Alle mit der Salsa und je einem Esslöffel Schmand servieren.

▶ Nährwerte pro Portion:

Vegetarisch	375 kcal, 8 g E, 20 g F, 35 g KH
Fleisch	585 kcal, 20 g E, 40 g F, 35 g KH

Tipp

Zitronenthymian schmeckt zitronig und wirkt entzündungshemmend. Statt des Matjesfilets schmecken auch Räucherlachs oder -forelle sehr lecker dazu.

Tomaten-Melonen-Gazpacho

Spanische Grüße

▶ Für 4 Personen

braucht etwas mehr Zeit ⏲ 20 Min.; 60 Min. Kühlzeit

2 Dosen geschälte Tomaten (à 400 g) · 200 g Wasser- oder Galiamelone, ohne Kerne · 1 Knoblauchzehe · 1 kleines Stück Ingwer · 3 EL Olivenöl · 1 EL Limettensaft · Currypulver · Meersalz · Pfeffer (frisch gemahlen) · Chiliflocken · 1 Zucchini · ½ rote Paprikaschote · ½ gelbe Paprikaschote · 100 g Weizenmischbrot

- Inhalt der Tomatendosen in ein großes Gefäß oder Schüssel geben. Melone schälen, Melonenfruchtfleisch in grobe Stücke schneiden und zu den Tomaten geben. Knoblauch und Ingwer schälen, klein schneiden und auch zu den Tomaten geben. Alles mit einem Stabmixer fein pürieren. Mit 1 EL Öl, Limettensaft und den Gewürzen abschmecken. Gazpacho für ca. eine Stunde in den Kühlschrank stellen.
- Zucchini und Paprika waschen, putzen und in kleine Würfel schneiden. Zucchiniwürfel in einer Pfanne mit 1 EL Öl anbraten. Weißbrot ebenfalls würfeln und mit 1 EL Öl anrösten. Paprika, Zucchini und Brot gemeinsam zu der Gazpacho servieren.

▶ Nährwerte pro Portion:

Vegan 190 kcal, 5 g E, 10 g F, 20 g KH

Tipp

Diese kalte Suppe kann verpackt in Schraubgläsern auch als Mahlzeit fürs Büro oder bei einem Ausflug mitgenommen werden. Sie wirkt sehr erfrischend an warmen Sommertagen. Sie schmeckt auch toll mit Mango oder Papaya statt der Melone.

Rein vegetarisch

Ravioli mit Ziegenkäsefüllung, in Butter geschwenkt mit roten Zwiebeln und rosa Pfefferbeeren

Beliebte Pastavariante

▶ Für 4 Personen

braucht etwas mehr Zeit

20 Min.; 30–60 Min. Kühlzeit

400 g Weizenmehl
3 Bio-Eier
1 Prise Meersalz
1 TL Olivenöl
1 Zweig Rosmarin
150 g Ziegenfrischkäse
1 Bio-Eigelb
Meersalz
Pfeffer (frisch gemahlen)
1 rote Zwiebel
20 g Butter
6 Blätter Salbei
rosa Pfefferbeeren

- Das Mehl auf die Arbeitsfläche geben, eine kleine Mulde in die Mitte drücken. Die Eier und das Salz in die Mulde geben und langsam mit dem Mehl vermengen, bis ein geschmeidiger und fester Teig entsteht. Bei Bedarf noch etwas Mehl hinzugeben. Teig mit Öl einpinseln, mit Frischhaltefolie umwickeln und ca. ½–1 Stunde ruhen lassen.
- Für die Füllung den Rosmarin waschen, trocken schütteln und die Nadeln fein hacken. Ziegenfrischkäse mit dem Eigelb und Rosmarin verrühren, mit Salz und Pfeffer abschmecken.
- Den Teig in mehrere Portionen teilen und von Hand mit einem Nudelholz oder mit der Nudelmaschine dünn ausrollen. Den Teig in ca. 5 cm breite Teigplatten schneiden. Auf eine Teigplatte mit einem Teelöffel kleine Kleckse in ca. 4 cm Abständen von der Füllung geben. Um die Kleckse etwas Wasser streichen, eine andere Teigplatte daraufgeben. Um die Füllung herum andrücken und mit einem Rädchen oder Messer einzelne Stücke schneiden. Enden mit einer Gabel zusammendrücken.
- Wasser in einem weiten Topf mit Salz zum Kochen bringen. Die Ravioli etwa 6 Min. in dem Wasser ziehen lassen.
- Zwiebel abziehen und in Streifen schneiden. Salbeiblätter waschen und trocken schütteln. Butter in einer Pfanne zerlaufen lassen und Zwiebel und Salbei darin andünsten. Ravioli dazugeben und darin schwenken. Mit rosa Pfefferbeeren servieren.

▶ Nährwerte pro Portion:

Vegetarisch 530 kcal, 20 g E, 15 g F, 75 g KH

Tipp

Wenn Sie keine Nudelmaschine und kein Nudelholz haben, können Sie auch frischen Nudelteig aus dem Kühlregal verwenden.

Kichererbsen-Blumenkohl-Curry mit gebackenen Kokossüßkartoffeln

Lecker asiatisch

▶ Für 4 Personen
gelingt leicht 30 Min.
2 große Süßkartoffeln · 2 EL Kokosflocken · 2 EL Sesamöl · Meersalz · Pfeffer (frisch gemahlen) · 1 Dose Kichererbsen · 1 kleiner Kopf Blumenkohl · 1 Mango · 1 Zwiebel · 1 Knoblauchzehe · 30 g Cashewkerne · 2 TL Gewürzmischung Scharf-süßer Mix · 1 Dose geschälte Tomaten (400 ml) · 1 Dose Kokosmilch (400 ml)

- Backofen auf 200 Grad (Umluft 180 Grad) vorheizen.
- Die Süßkartoffeln schälen, längs halbieren und in dünne Scheiben oder Würfel schneiden. Die Kartoffeln in eine Auflaufform geben und mit den Kokosflocken bestreuen. 1 EL Öl darüberträufeln und würzen. Die Kartoffeln ca. 20 Min. im Ofen backen. Gelegentlich umrühren.
- Kichererbsen in einem Sieb abtropfen lassen. Blumenkohlblätter und Stiel entfernen, waschen und in einzelne Röschen schneiden. Mango schälen, Fruchtfleisch vom Kern lösen und in Stücke schneiden. Zwiebel und Knoblauch abziehen und in kleine Würfel schneiden.
- 1 EL Öl in einer Wokpfanne erhitzen und die Zwiebel und den Knoblauch darin andünsten. Danach die Kichererbsen, Blumenkohl, Cashewkerne und die Gewürzmischung dazugeben und 5 Min. andünsten. Tomaten aus der Dose dazugeben und diese leicht mit einer Gabel zerdrücken und ca. 10 Min. köcheln lassen. Danach Mango und Kokosmilch dazugeben und mit Salz und Pfeffer abschmecken.
- Curry mit den Kartoffeln in Schalen servieren.

▶ Nährwerte pro Portion:
Vegan 405 kcal, 10 g E, 15 g F, 55 g KH

Rosenkohl-Kartoffel-Maronen-Gratin mit Sahne-Ingwer-Soße

Eine aromatische Liaison

▶ Für 4 Personen
gelingt leicht 15 Min.; 20 Min. Backzeit
500 g Rosenkohl · Meersalz · 1 walnussgroße Knolle Ingwer · 2 Knoblauchzehen · je ½ TL Koriandersamen und Kreuzkümmelsamen · 1 kleine getrocknete Chilischote · 400 g Kartoffeln · 200 g Maronen (vorgegart) · 500 ml Sojasahne · Pfeffer (frisch gemahlen) · 40 g Pinienkerne · 1 EL Rosinen

- Rosenkohl waschen, putzen und ggf. halbieren. Kohl etwa 10 Min. in Salzwasser bissfest garen. Ingwer und Knoblauch abziehen und fein hacken.
- Koriander, Kreuzkümmel und Chili trocken in einer Pfanne anrösten und mit einem Mörser fein mahlen. Backofen auf 200 Grad (Umluft 180 Grad) vorheizen.
- Kartoffeln schälen und in Scheiben schneiden. Maronen aus der Folie nehmen und halbieren. Sojasahne mit Ingwer, Knoblauch und Gewürzmischung vermischen. Mit Salz und Pfeffer würzen.
- Rosenkohl, Kartoffeln und Maronen abwechselnd in eine Auflaufform geben. Mit Sahnemischung übergießen und etwa 20 Min. backen. 10 Min. vor Backende das Gratin mit Pinienkernen und Rosinen bestreuen.

▶ Nährwerte pro Portion:
Vegan 525 kcal, 15 g E, 30 g F, 50 g KH

Tipp
Beim Einkauf sollte Rosenkohl frisch, hellgrün und schön knackig aussehen und die Röschen sollten fest geschlossen sein.

Kürbis-Kartoffel-Plätzchen mit sautiertem Radicchio und Parmesansoße

Zauberhafter Kürbis

▶ Für 4 Personen

braucht etwas mehr Zeit 50 Min.

800 g Muskatkürbis
2 mittelgroße Kartoffeln
Meersalz
1 Zwiebel
50 g Walnüsse
60 g Parmesan
6 EL Olivenöl
1 EL Mehl
100 ml Weißwein
200 ml Sahne
100 ml Milch
2 Zweige Thymian
Pfeffer (frisch gemahlen)
½ TL Rosmarin, getrocknet
Muskat, gerieben
1 Bio-Ei
100 g Dinkel- oder Buchweizenmehl
1–2 EL Kartoffelstärke
2 kleine Radicchios

- Kürbis waschen, halbieren, mit einem Löffel das Kerngehäuse entfernen, schälen und in Stücke schneiden. Kartoffeln schälen und in Stücke schneiden. Beides in Salzwasser ca. 20–25 Min. weich kochen.
- Währenddessen Zwiebel abziehen und in Streifen schneiden. Walnüsse grob hacken. Parmesan reiben. 1 EL Öl in einem kleinen Topf erhitzen und Zwiebel andünsten. Nüsse zugeben und kurz mit andünsten. Mit Mehl bestäuben und gut verrühren. Mit Wein ablöschen. Sahne und Milch zugeben, rühren und 5 Min. köcheln lassen. Thymian waschen, trocken schütteln, die Blätter abzupfen. Thymian und 40 g Parmesan unter die Soße rühren und mit Salz und Pfeffer abschmecken.
- Wenn die Kartoffeln und der Kürbis weich sind, abgießen und ausdämpfen lassen. Kürbis und Kartoffeln durch eine Kartoffelpresse geben oder mit dem Stampfer zerdrücken, mit Rosmarin, Muskat, Salz und Pfeffer würzen. Ei, Mehl und Stärke dazugeben und zu einer zähflüssigen und geschmeidigen Masse kneten.
- 1 EL Öl in einer Pfanne erhitzen und von der Masse Plätzchen mit je einem Esslöffel in die Pfanne geben. Von beiden Seiten goldgelb braten. So fortfahren, bis 16 Plätzchen abgebraten sind. Alle warm stellen.
- Radicchios halbieren, waschen, putzen und in Streifen schneiden. Radicchio in die Plätzchenpfanne geben und kurz andünsten.
- Vier Plätzchen auf je vier Tellern in die Mitte leicht übereinander legen. Die Soße neben den Plätzchen platzieren. Radicchio und den Rest des Parmesans über die Plätzchen streuen und servieren.

▶ Nährwerte pro Portion:

Vegetarisch 685 kcal, 20 g E, 45 g F, 45 g KH

Tipp

Radicchio enthält Bitterstoffe, die die Gallensäureproduktion anregen und positiv auf den Cholesterinspiegel wirken.

Strudel mit Rote-Bete-Aprikosen-Pekannuss-Füllung und Feldsalat mit Granatapfeldressing

Geschmacksexplosion im Mund

▶ Für 4 Personen

gelingt leicht ⏲ 35 Min.

- 60 g Aprikosen, getrocknet
- 2 große Rote-Bete-Knollen
- 1 Zwiebel
- 30 g Pekannüsse o. Paranüsse
- 50 ml Apfelsaft
- 1 EL Olivenöl
- 2 Pimentkörner
- 1 Sternanis
- 2 Kardamomkapseln
- ½ TL Koriandersamen
- Meersalz
- Pfeffer (frisch gemahlen)
- Rosenpaprika
- Mehl zum Bearbeiten
- 4 Strudel- oder Yufkateigplatten, 30 x 31 cm (frisch)
- 1 EL Sojamilch
- 200 g Feldsalat
- 1 Granatapfel
- 2 EL Walnussöl
- 2 EL Limettensaft
- 1 EL Agavendicksaft

- Aprikosen in kleine Stücke schneiden und in einer Schüssel mit warmem Wasser bedeckt ca. 5 Min. einweichen.
- Rote Bete mit Handschuhen schälen, in dünne Scheiben und dann in Streifen schneiden. Zwiebeln abziehen, halbieren und in feine Streifen schneiden. Nüsse grob hacken.
- Öl in einem Topf erhitzen, Zwiebeln darin andünsten. Piment, Sternanis, Kardamomkapseln und Koriandersamen dazugeben und kurz mit dünsten. Rote Bete und Nüsse dazugeben, mit andünsten und mit Saft ablöschen. Aprikosen abtropfen und dazugeben. Zugedeckt bei mittlerer Hitze 10 Min. dünsten. Mit Salz und Pfeffer würzen. Gewürze aus dem Topf nehmen.
- Je zwei Strudelplatten übereinanderlegen und mit Sojamilch einstreichen. Die abgekühlte Rote-Bete-Aprikosen-Pekannuss-Füllung längs an eine Seite des Teiges geben. An beiden Enden ca. 2 cm Platz aussparen. Die äußeren Seiten einklappen und den Teig mit beiden Händen aufrollen. Mit der gefüllten Seite beginnen zu rollen.
- Auf ein mit Backpapier ausgelegtes Blech geben und mit der Sojamilch einstreichen. Im vorgeheizten Backofen bei 200 Grad ca. 20 Min. backen.
- Feldsalat waschen und putzen. Granatapfel halbieren und die Kerne aus der Frucht auslösen. Öl mit Limettensaft, Agavendicksaft und Granatapfelkernen vermischen. Mit Salz und Pfeffer würzen.
- Strudel in Stücke geschnitten mit dem Feldsalat und Dressing servieren.

▶ Nährwerte pro Portion:

Vegan 405 kcal, 10 g E, 15 g F, 55 g KH

Rezeptregister

In diesem Buch verwendete Literatur:

Claus Leitzmann und Markus Keller, **Vegetarische Ernährung**, 2. Aufl. Stuttgart, Verlag Eugen Ulmer 2010, Seiten 198–204 und Seiten 214–268

Vegetarierbund Deutschland, Flyer: Optimal versorgt mit vegetarischer Ernährung

SERVICE

Liebe Leserin, lieber Leser,

hat Ihnen dieses Buch weitergeholfen? Für Anregungen, Kritik, aber auch für Lob sind wir offen. So können wir in Zukunft noch besser auf Ihre Wünsche eingehen. Schreiben Sie uns, denn Ihre Meinung zählt!

Ihr TRIAS Verlag
E-Mail-Leserservice: heike.schmid@medizinverlage.de
Lektorat TRIAS Verlag, Postfach 30 05 04, 70445 Stuttgart, Fax: 0711 89 31-748

Bibliografische Information der Deutschen Nationalbibliothek
Die Deutsche Nationalbibliothek verzeichnet diese Publikation in der Deutschen Nationalbibliografie; detaillierte bibliografische Daten sind im Internet über http://dnb.d-nb.de abrufbar.

Programmplanung: Uta Spieldiener

Redaktion: Dr. Sabine Klonk, Stuttgart
Bildredaktion: Christoph Frick

Umschlaggestaltung und Layout: CYCLUS Visuelle Kommunikation, Stuttgart

Bildnachweis:
Umschlagfoto vorn und Seite 3:
Chris Meier/Dominique Loenicker, Stuttgart
Umschlagfoto hinten: Misha Vetter, Hamburg
alle weiteren Abbildungen im Innenteil:
Misha Vetter, Hamburg

1. Auflage

Oswald-Hesse-Straße 50, 70469 Stuttgart

Printed in Germany

Satz und Repro: kaltner verlagsmedien GmbH, Bobingen
gesetzt in: InDesign CS5
Druck: AZ Druck und Datentechnik GmbH, Kempten

Gedruckt auf chlorfrei gebleichtem Papier

ISBN 978-3-8304-6851-6 1 2 3 4 5 6

Auch erhältlich als E-Book:
eISBN (PDF) 978-3-8304-6852-3
eISBN (ePub) 978-3-8304-6853-0

Wichtiger Hinweis: Wie jede Wissenschaft ist die Medizin ständigen Entwicklungen unterworfen. Forschung und klinische Erfahrung erweitern unsere Erkenntnisse, insbesondere was Behandlung und medikamentöse Therapie anbelangt. Soweit in diesem Werk eine Dosierung oder eine Applikation erwähnt wird, darf der Leser zwar darauf vertrauen, dass Autoren, Herausgeber und Verlag große Sorgfalt darauf verwandt haben, dass diese Angabe dem Wissensstand bei Fertigstellung des Werkes entspricht, jedoch kann vom Verlag keine Gewähr übernommen werden.

Jeder Benutzer ist angehalten, durch sorgfältige Prüfung der Beipackzettel der verwendeten Präparate und gegebenenfalls nach Konsultation eines Spezialisten festzustellen, ob die dort gegebene Empfehlung für Dosierungen oder die Beachtung von Kontraindikationen gegenüber der Angabe in diesem Buch abweicht. Eine solche Prüfung ist besonders wichtig bei selten verwendeten Präparaten oder solchen, die neu auf den Markt gebracht worden sind. Jede Dosierung oder Applikation erfolgt auf eigene Gefahr des Benutzers. Autoren und Verlag appellieren an jeden Benutzer, ihm etwa auffallende Ungenauigkeiten dem Verlag mitzuteilen.

Die Ratschläge und Empfehlungen dieses Buches wurden von Autor und Verlag nach bestem Wissen und Gewissen erarbeitet und sorgfältig geprüft. Dennoch kann eine Garantie nicht übernommen werden. Eine Haftung des Autors, des Verlags oder seiner Beauftragten für Personen-, Sach- oder Vermögensschäden ist ausgeschlossen.

Geschützte Warennamen (Warenzeichen) werden nicht besonders kenntlich gemacht. Aus dem Fehlen eines solchen Hinweises kann also nicht geschlossen werden, dass es sich um einen freien Warennamen handelt.